essentials

essentials liefern aktuelles Wissen in konzentrierter Form. Die Essenz dessen, worauf es als „State-of-the-Art" in der gegenwärtigen Fachdiskussion oder in der Praxis ankommt. *essentials* informieren schnell, unkompliziert und verständlich

- als Einführung in ein aktuelles Thema aus Ihrem Fachgebiet
- als Einstieg in ein für Sie noch unbekanntes Themenfeld
- als Einblick, um zum Thema mitreden zu können

Die Bücher in elektronischer und gedruckter Form bringen das Expertenwissen von Springer-Fachautoren kompakt zur Darstellung. Sie sind besonders für die Nutzung als eBook auf Tablet-PCs, eBook-Readern und Smartphones geeignet. *essentials*: Wissensbausteine aus den Wirtschafts-, Sozial- und Geisteswissenschaften, aus Technik und Naturwissenschaften sowie aus Medizin, Psychologie und Gesundheitsberufen. Von renommierten Autoren aller Springer-Verlagsmarken.

Weitere Bände in der Reihe http://www.springer.com/series/13088

Christopher Hahn

Moderecht

Rechtsgrundlagen für Designer,
Hersteller und Händler

Christopher Hahn
trustberg LLP Rechtsanwälte
Berlin, Deutschland

ISSN 2197-6708   ISSN 2197-6716   (electronic)
essentials
ISBN 978-3-658-29513-4   ISBN 978-3-658-29514-1   (eBook)
https://doi.org/10.1007/978-3-658-29514-1

Die Deutsche Nationalbibliothek verzeichnet diese Publikation in der Deutschen Nationalbiblio-grafie; detaillierte bibliografische Daten sind im Internet über http://dnb.d-nb.de abrufbar.

Planung/Lektorat: Anna Pietras
Springer Gabler ist ein Imprint der eingetragenen Gesellschaft Springer Fachmedien Wiesbaden GmbH und ist ein Teil von Springer Nature.
Die Anschrift der Gesellschaft ist: Abraham-Lincoln-Str. 46, 65189 Wiesbaden, Germany

Was Sie in diesem *essential* finden können

- Einen Einblick in Grundlagen und Begriffe von Moderecht und Modemarkt
- Eine Übersicht zum marken- und designrechtlichen Schutz von Modeerzeugnissen
- Eine Einführung in die Gestaltung von Vertrieb und Lizenzverträgen
- Einen Einblick in die wettbewerbsrechtlichen Rahmenbedingungen des Werberechts
- Einen Exkurs zu den relevanten Themen Handel und Supply Chain
- Eine Einführung in die rechtlichen Anforderungen der Textilgestaltung

Vorwort

Kreativität und Recht schließen sich nicht aus, ganz im Gegenteil:

Gerade weil die Kreation von Modekollektionen ein zeitaufwendiger und kostspieliger Prozess für Designer und Produzenten ist, stellt der bestmögliche und nachhaltige Schutz von Modeerzeugnissen ein wichtiges Element für den langfristigen Erfolg dar.

Darüber hinaus sind kreative juristische Gestaltungen gefragt, wenn es darum geht, sich rechtlich gegenüber den anderen Akteuren der Modeindustrie sowie gegenüber Dritten abzusichern.

Dieses *essential* entstand aus der engen Zusammenarbeit des Autors als Anwalt und Business Angel mit Designern und Produzenten der Modebranche heraus und schließt dabei auf Wunsch vieler Kreativer aus der Praxis die vorhandene Lücke einer kompakten Darstellung der juristischen Grundzüge des Moderechts, die sich auch tatsächlich direkt an die Beteiligten richtet, nämlich Designer, Produzenten und Händler von Modeerzeugnissen.

Über Anmerkungen und Fragen freut sich der Autor unter christopher.hahn@trustberg.com.

Christopher Hahn

Inhaltsverzeichnis

Einleitung 1

Das Wort „Mode" stand aus Frankreich und bedeutet seit dem 15. Jahrhundert jeweils die neueste Bekleidungsform; zu ihren wichtigsten Merkmalen gehören die Silhouette, die Farbe sowie die verwendeten Materialien (Hoeren 2019, S. 1).

Bereits zu Beginn des letzten Jahrhunderts war Deutschland ein Standort, an dem sich bekanntere namhafte Vertreter der Modeindustrie konzentrierten und Berlin zum größten Konfektionszentrum der Welt entwickelten (Brinker 2019, S. 15, 16 m. w. N.). Ungeachtet der globalen Dominanz global präsenter Händlermarken wie Zara oder H&M bietet Deutschland, und dabei insbesondere die deutsche Hauptstadt Berlin, aufgrund ihrer besonderen kreativen Strukturen ein besonderes Potenzial für **„Fashion designed and made in Germany"**.

1.1 Modemarkt

Spricht man vom Modemarkt im heutigen Sinne, handelt es sich hierbei um einen nicht näher definierten Begriff. Grundsätzlich lässt sich bei dem **Begriff der Mode** zwischen der **Herstellung von Textilien** und der **Herstellung von Bekleidung** differenzieren (Brinker 2019, S. 15).

Die nachfolgende Darstellung bezieht sich dabei allein auf den Bereich der **Herstellung von Bekleidung (Fashion)** und dessen rechtliche Einbettung.

Gesamtwirtschaftlich spielt die Modeindustrie in Deutschland eine bedeutende Rolle: so haben die privaten Haushalte in Deutschland in 2018 EUR 77,78 Mrd. für Bekleidung und Schuhe ausgegeben (Statista, Statistisches Bundesamt Wiesbaden 2018).

© Springer Fachmedien Wiesbaden GmbH, ein Teil von Springer Nature 2020
C. Hahn, *Moderecht*, essentials, https://doi.org/10.1007/978-3-658-29514-1_1

1.2   Moderecht

Es existiert kein einheitliches Moderecht, sondern eine Vielzahl rechtlicher Bestimmungen, die die Herstellung, den Vertrieb und insbesondere den Schutz von Modeerzeugnissen rechtlich flankieren. Gleichwohl rechtfertigt es die gesamtwirtschaftliche Bedeutung der Modeindustrie, von einem eigenen Moderecht als juristische Querschnittsmaterie zu sprechen.

Nur wenige Rechtsgebiete beschäftigen sich originär mit Modeerzeugnissen (wie das unter Ziff. 7 behandelte Textilkennzeichnungsrecht, „Moderecht im engeren Sinn").

Zum „Moderecht im weiteren Sinn" gehören indessen sämtliche Rechtsvorschriften und vertraglichen Gestaltungen, die Mode und ihre Akteure in ihrer gesamten Wertschöpfungskette und deren Besonderheiten zum Gegenstand haben.

▶ **Definition** Zum **Moderecht im weiteren Sinn** gehören sämtliche Rechtsvorschriften und vertraglichen Gestaltungen, die Mode und ihre Akteure in ihrer gesamten Wertschöpfungskette und deren branchenspezifischer Besonderheiten zum Gegenstand haben.

Zum **Moderecht im engeren Sinn** gehören indessen Rechtsgebiete, die sich originär mit Modeerzeugnissen beschäftigen (wie bspw. das Textilkennzeichnungsrecht).

Vertriebschannels im Modemarkt 2

Der Vertrieb von Modeerzeugnissen erfolgt auf diversen stationären wie digitalen Vertriebskanälen („**Channels**"). Die unterschiedlichen Vertriebskanäle vermengen sich dabei mehr und mehr: so gehen bspw. einige Hersteller oder Händler dazu über, ihre stationären Verkaufsflächen als Abholort für die zuvor online bestellten Erzeugnisse zu nutzen (**Click and Collect**).

Nachfolgend sollen die wesentlichen Vertriebsformen und ihre rechtliche Einordnung kurz dargestellt werden.

2.1 Stationärer Handel

Der stationäre Handel von Modeerzeugnissen prägt weiterhin das städtische Erscheinungsbild im Einzelhandel.

2.1.1 Fremdflächen/Eigenflächen (Retail/Outlet)

Der Vertrieb im stationären Handel erfolgt dabei entweder über **Fremdflächen,** also auf Handelsflächen eines Dritten oder auf **Eigenflächen,** die im Eigentum des Herstellers stehen bzw. die der Hersteller angemietet hat.

▶ Auf den Fremdflächen werden entweder ausschließlich Waren des Herstellers vertrieben (**Mono-Label**) oder die Waren mehrerer, rechtlich unabhängiger Hersteller (**Multi-Label**), vgl. Brinker (2019, S. 20).

© Springer Fachmedien Wiesbaden GmbH, ein Teil von Springer Nature 2020   3
C. Hahn, *Moderecht*, essentials, https://doi.org/10.1007/978-3-658-29514-1_2

Der Vertrieb auf Eigenflächen richtet sich entweder an den klassischen Einzelhandel (**Retail**) bzw. erfolgt für Restposten oder ausschließlich dafür hergestellte Ware (**MFO-Ware, „made for outlet"**) über **Outlet**-Eigenflächen.

2.1.2 Rechtliche Besonderheiten

Bei der Anmietung von Eigenflächen handelt es sich rechtlich um einen **Mietvertrag im Sinne von § 535 BGB.**

Bei der **Vertragsgestaltung und -verhandlung** gibt es im Modebereich einige Besonderheiten, die hier nur überblicksmäßig dargestellt werden können. So ist bei Anmietung einer für den stationären Vertrieb von Modeerzeugnissen vorgesehenen Fläche aus Sicht des gewerblichen Mieters insbesondere auf folgende Punkte zu achten.

- Es ist sicherzustellen, dass der Hersteller/Designer seine Marke (Logo etc.) an Fassade und Schaufenster angemessen darstellen kann und auch einen seiner **Corporate Identity (CI)** entsprechenden Innenausbau der Fläche entsprechend gestalten kann; der Mieter ist grundsätzlich ohne Zustimmung des Vermieters sowie einer entsprechenden vertraglichen Regelung nicht berechtigt, an der Mietsache bauliche Veränderungen vorzunehmen (BGH, Urteil v. 16.03.1988 – VIII ZR 184/87); ferner sollte hier genau und detailliert im Mietvertrag beschrieben werden, welche Umbauarbeiten konkret vorgenommen werden dürfen;
- Es ist darauf zu achten, als Mietzweck „Einzelhandel von Modeerzeugnissen" vertraglich aufzunehmen; dies ergibt sich daraus, dass es dem Vermieter dann auch ohne entsprechende vertragliche Konkurrenzschutzklausel verboten ist, Flächen im selben Gebäude an einen Konkurrenten des Mieters zu vermieten (sog. **„vertragsimmanenter Konkurrenzschutz"**, Turnwald 2019, S. 397);
- Im Rahmen der Übergabe der Mietfläche ist ein **Übergabeprotokoll** zu fertigen, aus dem sich vorhandene Mängel und Zählerstände ergeben;
- Bei der Vereinbarung der Miete (§ 535 Abs. 2 BGB) sind neben einer **Festmiete** auch eine **Staffelmiete** (Anpassung der Miete in vorab vereinbarten Zeiträumen), **Indexmiete** (Miete gekoppelt an eine sog. Wertsicherungsklausel) oder **Umsatzmiete** (Miete als Anteil des erzielten Umsatzes) branchenüblich (vgl. dazu ausführlich Turnwald 2019, S. 403 ff.);

- Es ist zu bedenken, dass das **Erfolgsrisiko,** also das Risiko, dass sich die erwarteten Umsätze/Erträge durch die Anmietung der Fläche tatsächlich realisieren, allein beim Mieter liegt (BGH, Urteil v. 17.03.2010 – XII ZR 108/08): entwickelt sich das Geschäft also nicht wie erwartet, ist die Miete gleichwohl für die gesamte vereinbarte Vertragsdauer zu zahlen;
- Es ist zu beachten, dass der Mieter grundsätzlich nicht zur **Untervermietung** berechtigt ist; allerdings kann sich ausnahmsweise ein Recht zur **außerordentlichen Kündigung** des Mietvertrages (unter Beachtung der gesetzlichen Kündigungsfrist) ergeben, wenn der Vermieter eine Erlaubnis zur Untervermietung ungerechtfertigt verweigert, § 540 BGB;
- Bei der **Laufzeit** des Mietvertrages sind ggf. saisonale Besonderheiten der Kollektionen zu beachten, so ist beispielsweise bei einer geplanten Nutzung als **Pop-up-Store** darauf zu achten, dass die Fläche untervermietet werden darf ebenso wie bei einer zu kurz bemessenen Grundlaufzeit bereits in den Mietvertrag eine Option auf Verlängerung (nach sodann vorhandener Kenntnis der prognostizierten Ertragslage) aufzunehmen ist;
- Beträgt die Laufzeit länger als ein Jahr, ist der Mietvertrag (sowie sämtliche Nebenabreden) unbedingt **schriftlich** abzuschließen (§ 550 BGB); ist dies nicht der Fall, kann der gesamte Mietvertrag ungeachtet der abgesprochenen Laufzeit kurzfristig (in der Regel sechs Monate, § 580a BGB) gekündigt werden.

Darüber hinaus bestehen wichtige rechtliche Implikationen, die im Einzelfall anhand des konkreten Mietvertragsentwurf zu prüfen sind.

2.2 Horizontaler und vertikaler Vertrieb

Der Designer/Hersteller von Modeprodukten kann sich für den Vertrieb seiner Erzeugnisse verschiedener Akteure bedienen. Dabei wird zwischen **horizontalem** und **vertikalem Vertrieb** unterschieden.

Beim horizontalen Vertrieb agiert beschränkt überlässt der Hersteller den Vertrieb der Waren anderen Akteuren (Eigenhändler, Vertragshändler und Franchisenehmer) wohingegen beim vertikalen Vertrieb der Produzent nicht nur (horizontal) auf seiner Ebene als Herstellers agiert, sondern (vertikal) zugleich die Aufgaben von Hersteller und Einzelhändler übernimmt.

2.2.1 Eigenhändler, Vertragshändler und Franchise (Horizontaler Vertrieb)

Veräußert der Hersteller seine Ware unmittelbar an den Händler, und wird über die **Order** des Händlers hinaus nichts Weiteres vereinbart, ist letzterer ein sog. **Eigenhändler** (Brinker 2019, S. 22).

▶ Bei der **Order** handelt es sich um einen Begriff der Modebranche. In rechtlicher Sicht handelt es sich bei der Order um eine Willenserklärung des Händlers, die auf den Abschluss der Bestellung von Modeerzeugnissen des Herstellers gerichtet ist. Die Order folgt dabei den allgemeinen Vorschriften der §§ 145 ff. BGB. Je danach, ob es sich um die Bestellung von **Saisonware** (die meist zum Zeitpunkt der Order noch überhaupt nicht produziert ist) oder um sog. **NOOS-Ware („Never Out Of Stock")** handelt, ergeben sich im Einzelfall spezifische Besonderheiten (vgl. dazu ausführlich Brinker 2019, S. 24).

Werden mit dem Einzelhändler hingegen über die Order hinaus weitere Absprachen getroffen, wobei der Einzelhändler in die Vertriebsorganisation des Herstellers eingebunden wird (BGH, Urteil v. 09.10.2002 – VIII ZR 95/01), fungiert dieser als **Vertragshändler.**

Der **Vertragshändlervertrag** beinhaltet übliche Regelungen zu den Konditionen der einzelnen Order, wie bspw. Mindestabnahmemengen, bevorzugte Einkaufskonditionen, Gebietsschutz oder die Beachtung von Corporate Identity-Vorgaben des Herstellers (Brinker 2019, S. 22 f.).

▶ Dem Vertragshändler kann unter bestimmten Voraussetzungen nach Vertragsbeendigung ein Ausgleichsanspruch gegen den Hersteller zustellen, § 89b HBG analog. Dies kann beim Hersteller zu unerwarteten Zahlungsansprüchen führen.

Wird der Händler noch stärker in die Organisation des Herstellers und sein Vertriebssystem eingebunden, kann in rechtlicher Sicht auch ein sog. **Franchise** vorliegen; hierfür ist allerdings neben der tatsächlichen Einbindung in die Vertriebsorganisation des Herstellers erforderlich, dass Letzterer auch über ein inhaltlich wie strukturell ausgereiftes Franchisekonzept verfügt.

2.2.2 Vertikaler Vertrieb

Übernimmt der Designer/Hersteller selbst die Vertriebsfunktion des Einzelhandels liegt ein **vertikales Vertriebsmodell** vor.

▶ Ein Paradebeispiel für einen vertikalen Vertrieb stellen ZARA oder H&M dar. Die Erzeugnisse werden selbst entworfen, produziert und direkt an den Endabnehmer in eigenen Filialen veräußert (vgl. Brinker 2019, S. 28).

2.3 Concession

Im Rahmen einer sog. **Concession** stellt der Händler dem Hersteller/Designer eine bestimmte abgegrenzte Fläche in seinen Verkaufsräumen zur Verfügung (Brinker 2019, S. 32). Die optische Gestaltung der Fläche nach der CI des Herstellers ist dabei gewährleistet. Auch hier ist das rechtliche Grundverhältnis ein Mietvertrag gem. § 535 BGB.

Eine Besonderheit ist, dass als Mietzahlung eine sog. **Concession-Fee** vereinbart wird, die neben einer Mindestmiete eine Umsatzmiete vorsieht, die sich zumeist prozentual an dem auf der Fläche generierten Umsatz orientiert (Brinker 2019, S. 32).

Ferner ist bei einer Concession ein besonderes Augenmerk darauf zu legen, dass der Hersteller verpflichtet sein wird, dem Händler regelmäßig Auskunft über die erzielten Umsätze zu erteilen, da die Abrechnung über sein eigenes Kassensystem erfolgt. wird hingegen über das Kassensystem des Händlers abgerechnet, wird dieser die vereinnahmten Umsätze für den Hersteller treuhänderisch zu verwalten und (gegebenenfalls nach Abzug der Concession Fee) und diesen abzuführen.

Weitere Besonderheiten beim Concession-Modell, die stets einer gesonderten rechtlichen Regelung bedürfen, betreffen neben der Abrechnung ggf. Fragen der Personalteilung zwischen Hersteller und Händler sowie allgemeine Haftungsfragen, etwa bei Beschädigung von Waren des Herstellers durch Kunden der Gesamtfläche.

Der Hersteller kann den Händler schließlich auch als **Kommissionär** gem. § 383 HGB einsetzen: in diesem Fall verkauft er die Ware in eigenem Namen, aber für fremde Rechnung, sodass die wirtschaftlichen Folgen eines Abverkaufs der Ware nicht den Kommissionär treffen, sondern dieser über die vereinbarte Provision vergütet wird.

2.4   Online Vertrieb

Beim Online Vertrieb sind – sofern es sich um den Absatz von Modeerzeugnissen an Endverbraucher handelt – die Vorschriften des Fernabsatzrechts zu beachten. Dies gilt für den **E-Commerce** wie den **M-Commerce** (also über mobile Geräte) gleichermaßen.

Das **Fernabsatzrecht** gilt gem. § 312 Abs. 1 BGB i. V. m. § 310 Abs. 3 BGB für Verträge zwischen einem Unternehmer (§ 14 BGB) und einem Verbraucher (§ 13 BGB).

▶   Nach § 14 Abs. 1 BGB ist ein Unternehmer eine natürliche oder juris-
      tische Person oder eine Personengesellschaft, die bei Abschluss
      ihres Rechtsgeschäfts in Ausübung ihrer gewerblichen oder selbst-
      ständigen beruflichen Tätigkeit handelt. Der Designer, der seine Ware
      selbst online als natürliche Person über einen Online-Shop vertreibt,
      fällt daher ebenso unter den Unternehmerbegriff wie ein Hersteller
      von Modeprodukten, der diese in einer bestimmten Anzahl auf Ver-
      kaufsplattformen von Drittanbietern anbietet.

2.4.1   Informationspflichten

Ist der Anwendungsbereich des Fernabsatzrechts eröffnet, ergeben sich für den Unternehmer zunächst diverse unternehmens-, produkt-, preis- und liefer-bezogene **Informationspflichten.**

Werden die Informationspflichten nicht oder nicht rechtlich korrekt erfüllt, kann dies nicht nur wettbewerbsrechtliche Unterlassungsansprüche (§§ 3, 8 UWG) auslösen, sondern dazu führen, dass entweder ein verlängertes Widerrufsrecht (§ 356 Abs. 3 BGB) oder sogar überhaupt kein wirksamer Vertragsschluss vorliegt (§ 312j Abs. 4 BGB).

Die Informationen sind dem Kunden in **klarer und verständlicher Weise** (§ 312d Abs. 1 BGB, Art. 246a § 4 Abs. 1 und 3 EGBGB) mitzuteilen.

Im Einzelnen ergeben sich beim Online-Vertrieb folgende Informationspflichten:

- der Unternehmer hat dem Verbraucher die wesentlichen Informationen über sein Unternehmen bereitzustellen; dies betrifft im Rahmen der **Impressumspflicht** nach § 5 TMG insbesondere die Angabe der genauen Identität des Unternehmens sowie von Vertretern, einer ladungsfähigen Anschrift, E-Mail-Adresse und Telefonnummer oder die Angabe der Umsatzsteuer-Identifikationsnummer nach § 27a UStG; ferner ist gem. Art. 246a § 1 Abs. 1 S. 1 Nr. 7 EGBGB auf die Online-Streitbeilegungsplattform nach der ODR-Verordnung (VO EU Nr. 524/2013) hinzuweisen bzw. zu verlinken (**„unternehmensbezogene Informationspflichten"**);
- Der Unternehmer hat den Verbraucher ferner über das Bestehen, die Erreichbarkeit sowie die Bedingungen seines Kundenservices zu informieren, Art. 246a § 1 Abs. 1 S. 1 Nr. 9 EGBGB;
- Der Unternehmer ist verpflichtet, den Verbraucher über die wesentlichen Eigenschaften seiner Waren zu informieren; dazu müssen nicht alle Einzelheiten aufgezählt werden; allerdings muss der Kunde in die Lage versetzt werden, das Produktangebot des Unternehmers zum Zwecke des konkreten Vertragsabschlusses zu bewerten und mit anderen Anbietern zu vergleichen, Art. 246a § 1 Abs. 1 S. 1 Nr. 9 EGBGB (**„produktbezogene Informationspflichten"**);
  - In diesem Zusammenhang müssen insbesondere gem. § 5 Abs. 1 S. 2 Nr. 1 UWG die Abbildungen der Ware den tatsächlich angebotenen Waren entsprechen (BGH 12.01.2011 – VIII ZR 346/09).

▶ Werden bspw. ein Anzug mit Gürtel oder ein Hemd mit Krawatte abgebildet, so darf ein Kunde davon ausgehen, dass der Gürtel bzw. die Krawatte im Angebotsumfang enthalten sind; eine Ausnahme besteht dann, wenn sich im unmittelbaren Blickfang des Kunden ein Hinweis darauf befindet, dass die entsprechenden Accessoires nicht zum Angebotsumfang gehören (vgl. OLG Hamm, Urteil v. 05.06.2014 – 4 U 152/13).

- Ferner dürfen die Angaben zu den angebotenen Waren **nicht irreführend** sein (vgl. zur Irreführung im Rahmen der Werbung auch unten Ziff. 6).

▶ Wird bspw. ein (nur) maßkonfektioniertes Kleidungsstück (**BOT – Built To Order,** vgl. dazu auch die Ausführungen unten zum Widerrufsrecht), das zwar nach kundenindividuellen Parametern, aber gleichwohl in Massenproduktion hergestellt wird, als „maßgeschneidert" bezeichnet, so stellt dies eine Irreführung dar (eine Bezeichnung als „Maßhemd" ist allerdings zulässig, vgl. KG Berlin, Beschluss v. 11.08.2009 – 5 W 88/09).

- Der Unternehmer ist ferner verpflichtet, den Kunden über das Bestehen seiner gesetzlichen Gewährleistungsrechte und Garantieansprüche zu informieren, Art. 246a § 1 Abs. 1 S. 1 Nrn. 8 und 9 EGBGB;
- Des Weiteren ergeben sich für den Unternehmer umfangreiche „**preisbezogene Informationspflichten**":
  - So ist einerseits der Gesamtpreis (einschließlich Steuern und sonstiger Preisbestandteile) anzugeben, Art. 246a § 1 Abs. 1 Nr. 4 EGBGB, § 1 Abs. 1 S. 1 PAngV (Preisangabenverordnung), ebenso wie die Angabe zu erfolgen hat, dass die Waren bereits die Mehrwertsteuer enthalten, § 1 Abs. 2 S. 1 Nr. 1 PAngV;
  - ferner sind die Liefer- und Versandkosten der konkreten Höhe nach bzw. unter Angabe ihrer Berechnungsgrundlage zu benennen, Art. 246a § 1 Abs. 1 Nr. 4 EGBGB ebenso wie sonstige Kosten (§ 1 Abs. 2 Nr. 2 PAngV).
- auch „**lieferbezogene Informationspflichten**" sind vom Unternehmer zu erfüllen (Art. 246a § 1 Abs. 1 Nr. 7 EGBGB). Dazu gehören insbesondere die möglichen Lieferarten (Normalversand, Express-Lieferung, etc.) die Angabe der beauftragten Logistikunternehmen (DHL, Hermes, etc.) sowie die ungefähre Lieferzeit (OLG München, Urteil v. 17.05.2018 – 6 U 3815/17: *„der Artikel ist bald verfügbar"* genügt dem nicht).

Ferner ist der Unternehmer verpflichtet, den Kunden über den Ablauf der Bestellung zu informieren. Dies beinhaltet insbesondere die Verpflichtung,

- dem Kunden angemessene, wirksame und zugängliche technische Mittel zur Verfügung zu stellen, mit deren Hilfe er Eingabefehler vor Abgabe seiner Bestellung erkennen und berichtigen kann, § 312i Abs. 1 S. 1 Nr. 1 BGB;
- dem Kunden die für den Vertragsschluss zur Verfügung stehenden Sprachen rechtzeitig vor Abgabe seiner Bestellung klar und verständlich mitzuteilen, § 312i Abs. 1 S. 1 Nr. 2 BGB, Art. 246c Nr. 4 EGBGB;
- den Kunden über die einzelnen technischen Schritte, die zu einem Vertragsschluss führen, zu informieren, § 312i Abs. 1 S. 1 Nr. 2 BGB, Art. 246c Nr. 1 EGBGB;
- sowie mitzuteilen, ob der Vertragstext nach Vertragsschluss gespeichert wird bzw. dem Kunden zugänglich ist, § 312i Abs. 1 S. 1 Nr. 2 BGB, Art. 246c Nr. 2 EGBGB.

Schließlich ist der Kunde über sein **gesetzliches Widerrufsrecht** (Voraussetzungen, Fristen und Ablauf) vor Vertragsabschluss in klarer und verständlicher
Form zu informieren, Art. 246a § 1 Abs. 2 EGBGB.

2.4.2 Widerrufsrecht

Nach §§ 312 g Abs. 1, 355 Abs. 1 BGB steht dem Kunden, der Verbraucher ist,
ein gesetzliches Widerrufsrecht zu. Dies bedeutet, dass er innerhalb der Widerrufsfrist die Ware ohne Angabe von Gründen an den Hersteller zurücksenden
kann.

Die **Widerrufsfrist** beträgt **14 Tage** (§ 355 Abs. 2 Satz 1 BGB) und beginnt
frühestens, wenn der Kunde eine wirksame Widerrufsbelehrung erhalten hat, im
Online-Handel jedoch nicht vor Eingang der Ware beim Empfänger, § 356 Abs.
2 BGB. Das Widerrufsrecht ist dabei als empfangsbedürftige Willenserklärung
(§ 130 Abs. 1 BGB) gegenüber dem Unternehmer eindeutig zu erklären.

Bei einer fehlerhaften Belehrung erlischt das Widerrufsrecht nach Ablauf von
zwölf Monaten und 14 Tagen nach Lieferung der Ware, § 356 Abs. 3 BGB.

2.4.3 Maßkleidung und Maßkonfektion – Ausschluss des Widerrufsrechts?

Eine Ausnahme vom gesetzlichen Widerrufsrecht ist nach § 312 g Abs. 2
Nr. 1 BGB für Waren gegeben, die nicht vorgefertigt sind und für deren Herstellung eine individuelle Auswahl oder Bestimmung durch den Verbraucher
maßgeblich ist sowie die eindeutig auf die persönlichen Bedürfnisse des Ver-
brauchers zugeschnitten sind. Hat also der Kunde individuelle Vorgaben für die
Anfertigung des Produktes getätigt, weil er etwa entsprechende Maße eingegeben
hat oder entsprechende Angaben hochgeladen hat, kann er einen entsprechenden
Kaufvertrag nicht widerrufen.

Entscheidend dafür ist jedoch, dass der Hersteller ansonsten durch die Rück-
nahme der auf Kundenwunsch angefertigten Ware erhebliche wirtschaftliche
Nachteile erleiden würde, die auch konkret und spezifisch damit zusammen-
hängen, dass das entsprechende Produkt erst auf Veranlassung des Kunden
nach seinen besonderen Spezifikationen gefertigt worden ist (BGH, Urteil v.
19.03.2003 – VIII ZR 295/01).

▶ Bei Modeerzeugnissen ist letztlich der Grad der vorgenommenen Individualisierung entscheidend (Föhlisch 2019, S. 471), was zur Frage führt, ob das individualisierte Modeerzeugnis wieder in seinen Ausgangszustand zurückversetzt werden kann. Ist bei maßgeschneiderter Kleidung davon auszugehen, dass dies nicht ohne Substanzverletzung und auch nicht mit vertretbarem Aufwand möglich ist, wird bei maßkonfektionierter Kleidung (Made-to-measure; Built-to-Order) die Frage der Zurückversetzung in den Ausgangszustand sowie die der Zumutbarkeit davon abhängen, welche **Individualisierungsmöglichkeiten** der Kunde **quantitativ** (Anzahl der individuellen Applikationen, Farbkombinationen, Schnittvarianten) und **qualitativ** (Initialen oder andere personenbezogene Merkmale) in Anspruch genommen hat (Föhlisch 2019, a. a. O.).

Ferner ist zu berücksichtigen, dass nach dem Bundesgerichtshof (Urteil v. 19.03.2003 – VIII ZR 295/01) ein Widerrufsrecht gleichwohl besteht, wenn die wirtschaftliche Einbuße für die Konfiguration der Ware dem Unternehmer zuzumuten ist, weil diese weniger als 5 % des Warenwertes beträgt. Eine weitere Voraussetzung für das Bestehen des Widerrufsrechts ist, dass es dem Hersteller wirtschaftlich zumutbar ist, die individuell auf Kundenwunsch angefertigte Ware zurückzunehmen, da er sie mit verhältnismäßigem Aufwand weiterveräußern kann (Föhlisch 2019, S. 471).

Lizenzverträge und Kooperationen 3

Ein Designer bzw. Hersteller von Modeerzeugnissen arbeitet im geschäftlichen Bereich mit anderen Akteuren der Modeindustrie wie Unternehmen, Influencern oder Models zusammen, etwa um neue Kundengruppen zu erschließen oder um das Produktsortiment zu erweitern und zu bewerben. Dabei bestehen unterschiedliche Rechtsverhältnisse, die eine individuelle vertragliche Regelung erfordern.

3.1 Lizenzverträge

Über einen **Lizenzvertrag** gewährt der Inhaber eines gewerblichen Schutzrechts (bspw. Markenrecht oder Patentrecht) oder der Urheber eines geschützten Werks (§ 2 UrhG) ein **Nutzungs-/Verwertungsrecht** am vertraglich festgelegten Lizenzgegenstand. Als Gegenleistung hierfür ist der Lizenznehmer verpflichtet, eine entsprechende **Lizenzgebühr** an den Lizenzgeber zu bezahlen.

▶ **Wichtig**
Nach § 29 Abs. 1 UrhG sind – anders als Marken- und Patentrechte – **Urheberrechte** in Deutschland unter Lebenden als solche **nicht übertragbar.** Zulässig sind hingegen die Einräumung von **Nutzungsrechten** (§ 31 UrhG), schuldrechtliche Einwilligungen und Vereinbarungen zur Verwertung (vgl. hierzu ausführlich Hertin und Wagner 2019, S. 156 ff.).

70 Jahre nach dem Tod des Urhebers können die Schöpfungen hingegen aus urheberrechtlicher Sicht von jedermann frei verwendet werden, da das Urheberrecht dann erlischt (vgl. § 64 UrhG).

© Springer Fachmedien Wiesbaden GmbH, ein Teil von Springer Nature 2020
C. Hahn, *Moderecht*, essentials, https://doi.org/10.1007/978-3-658-29514-1_3

In praktischer Sicht kommt in der Modeindustrie die Einräumung von Lizenzen vor allem dann in Betracht, wenn dem Designer/Hersteller etwa Fertigungs- und/ oder Vertriebskapazitäten fehlen, die ein drittes Unternehmen unter dem Markenauftritt des Lizenzgebers abdecken kann. Auch bieten sich Lizenzen für eine Erweiterung des Produktsortiments an, insbesondere für textilverwandte Waren wie Schmuck, Uhren, Sonnenbrillen, Kosmetikartikel oder Parfums (Farkas und May 2019, S. 216 f.).

Die Lizenzgebühr selbst kann entweder in einer fest vereinbarten Lizenzgebühr bestehen oder als vom Umsatz des Lizenznehmers abhängige Gebühr vereinbart werden. Im letzteren Fall ist jedoch dafür Sorge zu tragen, dass der Lizenzgeber hinreichende Kontroll-/Informationsrechte erhält, die ihm eine Plausibilisierung des vom Lizenznehmer kommunizierten Umsatzes ermöglichen.

Die Einräumung einer Lizenz kann ferner danach unterteilt werden, ob diese als **Exklusivlizenz** erfolgen soll (der Lizenzgeber darf während der Vertragsdauer das lizenzierte Recht an keine dritte Partei lizenzieren und auch nicht für eigene Zwecke nutzen; eine Unterart davon ist die **Alleinlizenz,** bei der die Lizenz zwar nicht an andere Dritte vergeben werden darf, der Lizenzgeber aber weiterhin berechtigt sein soll, das dem Lizenzvertrag zugrunde liegende Recht selbst zu nutzen) oder als **einfache Lizenz** ausgestaltet sein soll, bei der sowohl andere Dritte inhaltsgleiche Lizenzen erhalten können, wie auch der Lizenzgeber selbst während der Vertragsdauer berechtigt sein soll, das dem Lizenzvertrag zugrunde liegende Recht für eigene Zwecke weiter zu nutzen.

Im Lizenzvertrag ist ferner zu regeln, ob der Lizenznehmer selbst Unterlizenzen an dem lizenzierten Recht an Dritte erteilen darf (Farkas und May 2019, S. 219) und für welchen territorialen Bereich (**Lizenzgebiet**) sich der Umfang der Lizenz bemisst.

Der Lizenzvertrag sollte ferner umfassende Bestimmungen darüber enthalten, die den Lizenznehmer dazu verpflichten, das **Markenimage des Lizenzgebers** zu bewahren und (auch gegen Verletzungen Dritter) zu schützen.

Des Weiteren sind im Lizenzvertrag eines Modeunternehmens zu regeln (nach Farkas und May 2019, S. 221 ff.):

- Vorgaben des Lizenzgebers hinsichtlich Design, Style und Corporate Identity (CI);
- Vorgaben des Lizenzgebers hinsichtlich der Verkaufsflächen (Lage, Ladengröße, Produktsortiment, Einrichtung);
- Vorgaben des Lizenzgebers hinsichtlich der Warenpräsentation und Visualisierung der lizenzierten Marke;

* Vorgaben des Lizenzgebers hinsichtlich sämtlicher Werbemaßnahmen sowie sonstiger absatzfördernder Aktionen;
* Vorgaben des Lizenzgebers hinsichtlich zulässiger/unzulässiger Konkurrenzprodukte;
* Regelungen zur Haftung, zum Geschäftsgeheimnisschutz sowie zur Rechtsverfolgung gegenüber Dritten (vgl. § 30 Abs. 3 Satz 1 MarkenG).

3.2 Verträge mit Designern und Kreativen

Der Schutz der jeweiligen Modeerzeugnisse gegen Nachahmung und gegenüber sonstige Eingriffe Dritter hat oberste Priorität; im Einzelnen wird darauf unten unter Ziff. 4 noch ausführlich eingegangen.

Doch auch bereits dann, wenn unternehmensintern Dritte etwa als Mitarbeiter oder Freelancer kreative Leistungen erbringen, stellt sich die wichtige Frage, wem die **kreativen Leistungsergebnisse** (Design, Marken, urheberrechtlich geschützte Werke) rechtlich zustehen.

Das erforderliche Schutzkonzept ist dabei von der rechtlichen Einordnung des Vertragsverhältnisses anhängig, auf dessen Grundlage das kreative Leistungsergebnis erbracht wird. Besonders wenn ein Modeunternehmen auf Freelancer ohne festen Anstellungsvertrag zurückgreift, ist der Abschluss einer gesonderten vertraglichen Vereinbarung über die kreativen Leistungsergebnisse von höchster Bedeutung, da Unklarheiten und Streitigkeiten in diesem Bereich in der Kreativbranche schnell den wirtschaftlichen Bestand des gesamten Unternehmens gefährden können.

Erbringt hingegen ein angestellter Arbeitnehmer im Rahmen und in Durchführung eines Arbeitsverhältnisses für das Unternehmen kreative Leistungen, bestehen gesetzliche Bestimmungen, die auch ohne gesonderte vertragliche Vereinbarung, die Rechtsinhaberschaft des Unternehmens bzw. Nutzungs- und Verwertungsrechte zugunsten des Arbeitgebers anordnen.

▶ **Wichtig**

Die wichtige Frage, ob jemand für das Modeunternehmen kreative Leistungen als Arbeitnehmer oder als freier Mitarbeiter erbringt, hängt von den tatsächlichen Begebenheiten der Beschäftigung ab. Die bloße Bezeichnung als „freier Mitarbeiter" im Vertrag kann also gleichwohl dazu führen, dass der „freie Mitarbeiter" rechtlich als „Arbeitnehmer" einzuordnen ist. Diese sog. „Scheinselbstständigkeit" kann im Nachhinein für das Unternehmen negative Konsequenzen, wie

hohe Nachforderungen der vorenthaltenen Lohnsteuer sowie der Beiträge zur Sozialversicherung haben.

Arbeitnehmer ist, wer weisungsgebunden und in persönlicher
Abhängigkeit für einen Dritten (Arbeitgeber) gegen Zahlung des
Arbeitsentgelts tätig ist.

3.2.1 Designs und Marken

Nach § 7 Abs. 2 DesignG steht – sofern keine abweichenden vertraglichen Vereinbarungen getroffen worden sind – dem Arbeitgeber das Recht an einem Design zu,
wenn dieses von einem Arbeitnehmer im Rahmen seiner zugewiesenen Aufgaben
oder nach Weisung des Arbeitgebers entworfen worden ist.

Die „zugewiesenen Aufgaben" im vorgenannten Sinne sollten sich daher
bestenfalls unmittelbar und zweifelsfrei aus der in den Arbeitsvertrag auf-
genommenen Tätigkeitsbeschreibung ergeben.

▶   Dem Gebot des sichersten Weges folgend, ist gleichwohl zu empfeh-
       len, mit jedem Mitarbeiter eine konkrete **IP-Rechteübertragungsver-**
       einbarung zu schließen, die insbesondere die jeweils beabsichtigten
       Nutzungsarten der kreativen Ergebnisse im Einzelnen exemplarisch
       aufführt. Bei freien Mitarbeitern ist der Abschluss einer separaten
       IP-Rechteübertragungsvereinbarung hingegen zwingend erforderlich,
       da hier § 7 Abs. 2 DesignG nicht (auch nicht analog, vgl. Günther und
       Beyerlein 2015, S. 99) gilt.

3.2.2 Urheberrechtlich geschützte Werke

Wie bereits oben erwähnt (Ziff. 3.1) ist das Urheberrecht als solches auch in
einem Arbeitsverhältnis nach § 29 Abs. 1 UrhG nicht übertragbar und steht allein
dem Arbeitnehmer zu; unbeschadet davon bleibt die Einräumung von Nutzungsrechten (§ 31 UrhG) an den Arbeitgeber.

Auch ohne gesonderte vertragliche Vereinbarung werden jedoch nach
§ 43 UrhG dem Arbeitgeber diejenigen Nutzungs- und Verwertungsrechte an den
urheberrechtlichen Werken des Arbeitnehmers (vgl. § 2 UrhG) eingeräumt, die
der Arbeitnehmer „in Erfüllung seiner Verpflichtungen aus einem Arbeits- oder
Dienstverhältnis geschaffen hat". Auch hier ist demnach die Frage entscheidend,

ob die Schöpfungen tatsächlich in Erfüllung der Verpflichtungen aus dem Arbeitsverhältnis oder außerhalb dessen geschaffen worden sind.

▶ **Wichtig**
   Um Unklarheiten darüber zu vermeiden, ob die Schöpfungen tatsächlich in Erfüllung der Verpflichtungen aus dem Arbeitsverhältnis geschaffen worden sind, sollten klare Regelungen zum Aufgabenkreis des kreativ tätigen Mitarbeiters in den Arbeitsvertrag aufgenommen werden. Darüber hinaus empfiehlt sich gerade im Kreativbereich auch hier der Abschluss einer IP-Rechteübertragungs- bzw. -Nutzungsvereinbarung.
   Dies gilt insbesondere vor dem Hintergrund des im Urheberrecht geltenden Grundsatzes, dass Nutzungsrechte an urheberrechtlich geschützten Werken im Zweifel – also ohne eine entsprechende konkrete, die jeweiligen Nutzugsarten exemplarisch aufführende Vereinbarung – nur im geringsten, dem Zweck des Grundvertragsverhältnisses annehmbaren Umfang übertragen werden (sog. **„Zweckübertragungsgrundsatz"**, vgl. auch § 31 Abs. 5 UrhG).

Gerade bei Freelancern ist der Abschluss einer IP-Rechteübertragungs- bzw. -Nutzungsvereinbarung auch deswegen anzuraten, um von möglichen Haftungsansprüchen Dritter freigestellt zu werden sowie um nachträglich erhobene Vergütungsforderungen des Freelancers auszuschließen.

Zum einen sollte der Freelancer gegenüber dem Modeunternehmen garantieren, dass u. a. die von ihm jeweils gelieferten Leistungsergebnisse frei von Urheberrechten, Leistungsschutzrechten oder sonstigen Rechten Dritter sind sowie er über die eingeräumten Nutzungsrechte nicht bereits anderweitig – zu eigenem oder fremdem Nutzen – verfügt hat. Für den Fall, dass dem wahrheitswidrig nicht so ist, hat der freie Mitarbeiter das Modeunternehmen von möglichen Ansprüchen Dritter vertraglich freizustellen.

▶ **Wichtig**
   Um nachträgliche, zusätzliche Vergütungsforderungen des kreativ Tätigen zu minimieren (ein vollständiger Ausschluss ist gem. § 32 Abs. 3 Satz 1 UrhG nicht zulässig), sollte ferner vertraglich ausdrücklich vereinbart werden, dass die vereinbarte Vergütung **nach dem Verständnis beider Parteien eine angemessene Vergütung** ist, die im Zeitpunkt des Vertragsschlusses nach Art und Umfang der eingeräumten Nutzungsmöglichkeit, insbesondere nach Dauer und Zeitpunkt der Nutzung, unter Berücksichtigung aller Umstände zu leisten ist.

Hintergrund einer solcher vertraglichen Regelungen ist die Vor-
schrift des § 32 UrhG, wonach ein Urheber ohne entsprechende
vertragliche Vereinbarung einen Anspruch eine „angemessene" Vergütung hat (vgl. hierzu auch Hertin und Wagner 2019, S. 187 ff.). Bei
der Frage der „Angemessenheit" handelt sich indessen um einen
unbestimmten Rechtsbegriff, der im Nachhinein zu Streitigkeiten über
die konkrete Vergütungshöhe führen kann.

3.3   Verträge mit Influencern

Nahezu alle Modelabels setzen auf **Social Media Marketing:** Die teils immense
Reichweite sowie die besondere Form einer zielgruppenspezifischen Ansprache
der Follower hat dazu geführt, dass die Zusammenarbeit mit Influencern neben
eigener Social Media Aktivitäten sowohl für kleine Start-ups als auch für die
großen Playern der Modeindustrie zu einem unverzichtbaren Marketingbaustein
geworden ist.

In rechtlicher Sicht birgt diese Form der Zusammenarbeit insbesondere vor
dem Hintergrund Konflikte, dass die Modeprodukte des jeweiligen Herstellers/
Designers in eigenen Beiträgen des Influencers veröffentlicht werden (bspw.
Erstellung und Posten von Instagram Postings, oder Instagram Stories (Fotos,
Video-Clips, Boomerangs, etc.) und somit auf den ersten Blick keiner vom Her-
steller/Designer ausgehenden kommerziellen Werbeaktivität zurechenbar sind.

3.3.1   Schleichwerbung

Wird aus einem von einem Influencer geposteten Beitrag allerdings dessen werb-
licher Charakter nicht ersichtlich, handelt es sich hierbei um eine unzulässige
Schleichwerbung gem. § 5a Abs. 6 UWG.

▶ **Schleichwerbung**
Nach § 5a Abs. 6 UWG handelt unlauter, wer den kommerziellen Zweck einer
geschäftlichen Handlung (Werbung) nicht kenntlich macht, und dies den Käufer zu einer Kaufentscheidung veranlassen könnte (es genügt hier bereits die
Möglichkeit, ein konkreter Kauf ist gerade nicht Voraussetzung), die dieser
ansonsten nicht getroffen hätte.

Ein solcher Verstoß kann u. a. von einem Mitbewerber bzw. einer Verbraucher-
zentrale kostenpflichtig abgemahnt werden.

Bei von Influencern dargestellten Produkten kann dies insbesondere deswegen angenommen werden, als diese bei ihren Followern ein ganz besonderes Vertrauen im Hinblick auf die von Ihnen getragenen und vorgestellten Modeprodukte erzeugen. Dies führt oftmals dazu, dass sich der werbliche Inhalt eines Postings nicht von nicht werblichen, privaten Inhalten unterscheiden lässt.

3.3.2 Kennzeichnungs-/Trennungsgebot

Es ist aus rechtlicher Sicht zwingend geboten, den **werblichen Charakter eines Postings** hinreichend zu kennzeichnen. Dabei gilt mittlerweile in der Rechtsprechung als anerkannt, dass eine Kennzeichnung durch ein kurzes Hashtag wie #ad nicht genügt (OLG Celle, Urteil v. 08.06.2017 – 13 U 53/17), wenn der Hashtag „#ad" innerhalb des Beitrags nicht deutlich und nicht auf den ersten Blick erkennbar ist. Erforderlich ist vielmehr eine deutliche, für den Follower auf den ersten Blick erkennbare Kennzeichnung durch Hashtags (#Werbung oder #Advertising) sowie eine dem Untertitel des Postings vorangehende Beschreibung als [Werbung].

▶ **Wichtig**
   Bei Kooperationen mit Influencern über Instagram sollte darauf hingewirkt werden, dass diese sich ein entsprechendes „Business-Profil" einrichten.
   Zum einen ermöglicht ein solches Profil interne Auswertungen u. a. zur Reichweite eines Postings, zum anderen lassen sich die Postings so direkt mit *„Paid partnership with"* markieren.

3.3.3 Influencer-Kooperationsvertrag

Das mit einem Influencer zusammenarbeitende Unternehmen hat im Rahmen eines **Influencer-Kooperationsvertrages** sicherzustellen, dass sich der Influencer nicht nur an die rechtlichen Vorgaben hält, sondern darüber auch für etwaige Verstöße dem Unternehmen gegenüber haftet bzw. dieses von Ansprüchen Dritter freistellt **(Haftungsfreistellung).**
   Der Influencer ist insbesondere vertraglich darauf zu verpflichten, dass Textstellen in Postings, Blogs, etc., die von anderen Personen oder Veröffentlichungen sinngemäß oder wörtlich übernommen werden, durch eine Quellenangabe kenntlich gemacht werden. Ferner hat der Influencer sicherzustellen, dass die geposteten Beiträge keine Persönlichkeits-, Marken-, Urheber- oder sonsti-

gen Rechte Dritter verletzen. Sofern auf den im Social Media-Angebot erstellten Fotos dritte Personen abgebildet sind, ist vorab deren ausdrückliche Einwilligung zur Veröffentlichung und Nutzung ihrer Fotos einholen.

Des Weiteren hat der Influencer dafür Sorge zu tragen, dass die Beiträge den rechtlichen Voraussetzungen und Kennzeichnungen für gesponserte Beiträge entsprechen, insbesondere durch eine den rechtlichen Anforderungen genügende Kennzeichnung des werblichen Charakters (vgl. dazu Ziff. 3.3.2) an hervorgehobener Stelle. Auch auf die **optische Trennung** der Werbung **von redaktionellen Inhalten** ist zu achten.

3.4   Verträge mit Models und Fotografen

Modeerzeugnisse werden für Menschen hergestellt – und deshalb auch meist mit Menschen/Models beworben.

In rechtlicher Sicht ist hierbei aus Sicht des Modeunternehmens/Designers am wichtigsten, die **dauerhafte und umfassende Verwertung der Fotos** und/oder Videos für die mit der aktuellen und künftigen Kampagne beabsichtigten Zwecke sicherzustellen. Ein besonderes Augenmerk ist hierbei neben dem Urheberrecht des Fotografen auf das sog. „**Recht am eigenen Bild**" gem. §§ 22, 23 KUG – Kunsturhebergesetz sowie das Persönlichkeitsrecht (Art. 2 Abs. 1 i. V. m. Art. 1 Abs. 1 GG) des Models zu legen.

▶   In den wenigsten Fällen besteht zwischen dem Modeunternehmen/ Designer und dem Model eine direkte Vertragsbeziehung. Das Modeunternehmen hat daher mit der Modelagentur und/oder dem beauftragten Fotografen vertraglich sicherzustellen, dass die Agentur bzw. der Fotograf, selbst über die (an Dritte übertragbaren) Nutzungsrechte und die erforderlichen Einwilligungen des Models (bzw. der Eltern bei minderjährigen Models) in rechtlich einwandfreier Form verfügen. Ist dies nicht zweifelsfrei feststellbar, hat das Modeunternehmen selbst auf entsprechende vertragliche Vereinbarungen mit dem Model hinzuwirken.

3.4.1 Nutzungsrechte, insbesondere des Fotographen

Wie bereits oben (Ziff. 3.1) ausgeführt, ist das Urheberrecht selbst nicht übertragbar, allerdings lassen sich schuldrechtlich Nutzungsrechte (§ 31 UrhG) oder Einwilligungen zur Verwertung (§ 22 KUG) einräumen (vgl. Hertin und Wagner 2019, S. 156 ff.).

▶ **Wichtig**
Für die möglichst umfassende Verwendung der mit dem Model gefertigten Aufnahmen wird entweder direkt mit dem Model oder mit der das Model vertretenden Agentur ein entsprechender **Model-Release-Vertrag** geschlossen.
Das Model bzw. der Fotograf räumt dem Moderhersteller bzw. Designer in einem solchen Vertrag u. a. (im Idealfall) das ausschließliche, unwiderrufliche, übertragbare, inhaltlich, räumlich und zeitlich unbeschränkte, auch über das Ende des Vertrages hinaus geltende Nutzungs- und Verwertungsrecht für sämtliche derzeit bekannten Nutzungsarten und Nutzung in beliebiger Zahl (Erst- und beliebige Folgeverwertungen) sowie für alle betrieblichen Zwecke im In- und Ausland ein.

Von der Rechteeinräumung (sofern dieser so umfassend wie voranstehend beschrieben erfolgt) ist dann auch insbesondere das **Werberecht,** also das Recht, die Aufnahmen auch zu Werbezwecken für Produkte des Modeherstellers oder Dritter in jedwedem Medium (Digital, Print) zu nutzen, umfasst.

Ausdrücklich vereinbart werden sollte ferner das sog. **Bearbeitungsrecht,** also das Recht, die Aufnahmen zu bearbeiten, abzuändern oder zu modifizieren. Abgesehen von wenigen rein künstlerischen Aufnahmen werden in der Praxis nahezu sämtliche für die Modeindustrie erstellten Aufnahmen nachbearbeitet.

▶ Die Bildbearbeitung stößt ungeachtet des urheberrechtlichen Bearbeitungsrechts an seine Grenzen, und kann mithin trotz einer vertraglichen Rechteübertragung unwirksam sein, wenn dadurch Persönlichkeitsrechte des Models i.S.v. Art. 2 Abs. 1 i. V. m. Art. 1 Abs. 1 GG verletzt werden.

3.4.2 Einwilligung des Models

3.4.2.1 Recht am eigenen Bild, §§ 22, 23 KUG

Abgesehen von den Nutzungsrechten, die der Fotograf an seinem Werk als urheberrechtlich geschütztes Werk einzuräumen berechtigt ist, hat sich das Modeunternehmen die Einwilligung des Models einzuholen, die Aufnahmen für die beabsichtigten Nutzungs- und Verwertungsarten nutzen zu können.

Für den Fall, dass das Modeunterunternehmen die Models nicht direkt, sondern über eine Agentur beauftragt (in diesem Fall besteht zwischen dem Model und dem Modeunternehmen keine direkte vertragliche Beziehung), ist zwingend darauf hinzuwirken, dass sich die Agentur die Einwilligung des Models einholt, dem den Auftrag erteilenden Modeunternehmen das Vorhandensein einer wirksamen Einwilligung des Models zusichert sowie den Auftraggeber von etwaigen Ansprüchen des Models aufgrund einer etwa rechtlich unwirksamen Einwilligung freistellt.

3.4.2.2 Art. 6 Abs. 1 Satz 1 lit. a) DSGVO

Aus der seit 25. Mai 2018 europaweit geltenden **Datenschutz-Grundverordnung (DSGVO)** ergibt sich zwingend das Erfordernis, außerdem eine entsprechende datenschutzrechtliche Einwilligung der abgebildeten Models bzw. von deren Erziehungsberechtigten i. S. v. Art. 6 Abs. 1 Satz 1 lit. a) DSGVO einzuholen. Dies ergibt sich daraus, dass die Nutzung der Aufnahmen des Models eine Verarbeitung personenbezogener Daten i. S. v. Art. 4 Nr. 1 DSGVO darstellt.

Schutz von Modeerzeugnissen

4

4.1 Markenrecht

Dem Schutz von Marken kommt gerade in der Mode eine ganz herausragende Bedeutung zu. Es gibt nur wenig Bereiche des Wirtschaftslebens, in denen eine Marke so eng und unzertrennbar mit einem Produkt bzw. einem Unternehmen verbunden ist wie in der Modeindustrie. Für Unternehmen im Bereich Fashion sind ihre Marken ein wesentlicher Teil ihrer **Vermarktungs- und Kundenbindungsstrategie** (Hoppmann 2019, S. 91).

Darüber hinaus stellen die Marken von Modelabels selbst – neben der Qualität oder dem Design der Produkte – den eigentlichen Wert dar. Dies gilt dabei nicht nur für Luxusmarken wie Louis Vuitton oder Hermès sowie für globale Einzelhändler wie Zara oder H&M, sondern gerade auch für neue innovative Designer und Hersteller, deren Innovationen über ein entsprechendes „**rechtliches Brandbuilding**" juristisch geschützt werden sollten. Ein wirksamer Markenschutz sowie eine darauf ausgerichtete **Markenschutzstrategie** stellt daher für jeden Designer in rechtlicher Sicht eine wesentliche Kernaufgabe dar, die nicht nur die Herkunft sowie die Unterscheidungskraft des Modeerzeugnisses sichert, sondern darüber hinaus auch die Reputation des gesamten Modeunternehmens nach außen trägt.

In rechtlicher Sicht wird ein adäquater Markenschutz insbesondere durch **Eintragung** einer nationalen Marke, einer Unionsmarke oder einer international registrierten Marke erreicht.

▶ Hierfür ist zunächst entscheidend, den geografischen Schutzbereich der Marke festzulegen. Gilt eine **nationale Marke,** die beim Deutschen Patent und Markenamt (DPMA) zu registrieren ist, nur innerhalb Deutschlands, umfasst der geografische Schutzbereich einer **Unionsmarke,** die

© Springer Fachmedien Wiesbaden GmbH, ein Teil von Springer Nature 2020
C. Hahn, *Moderecht*, essentials, https://doi.org/10.1007/978-3-658-29514-1_4

beim Amt der Europäischen Union für geistiges Eigentum (EUIPO) anzu-
melden ist, sämtliche Mitgliedstaaten der Europäischen Union. Eine **IR-
Marke,** für deren Anmeldung allerdings das Bestehen einer nationalen
Basismarke (nationale Marke oder Unionsmarke) Voraussetzung ist, gilt
in allen Mitgliedstaaten des Madrider Abkommen über die internationale
Registrierung von Marken (MMA) bzw. des Protokolls zum Madrider
Abkommen über die internationale Registrierung von Marken (PMA).
Eine IR-Marke kann bei der World Intellectual Property Organization
(WIPO) in Genf registriert werden.

4.1.1 Benutzungsmarke

Auch ohne Eintragung einer Marke bei einer zuständigen Registrierungs-
behörde kann Markenschutz ausnahmsweise als sog. **Benutzungsmarke** nach § 4
Nr. 2 MarkenG erlangt werden.

Hierfür ist insbesondere Voraussetzung, dass das **Zeichen** aus seiner tatsächlichen Benutzung heraus die sog. **Verkehrsgeltung** erworben hat (Hacker 2018,
S. 130 ff.).

▶   Unternehmenskennzeichen sind gemäß § 5 Abs. 2 MarkenG Zeichen,
      die im geschäftlichen Verkehr als Name, als Firma oder als besondere
      Bezeichnung eines Geschäftsbetriebs oder eines Unternehmens
      benutzt werden. Die Marke dient dabei als Hinweiszeichen auf ein
      bestimmtes Produkt, wohingegen ein Unternehmenskennzeichen ein
      bestimmtes Unternehmen kennzeichnet (Hoppmann 2019, S. 93).

Die Verkehrsgeltung setzt voraus, dass ein nicht unerheblicher Teil der
angesprochenen Abnehmer (Händler und Endabnehmer, vgl. Hoppmann 2019,
S. 95 m. w. N.) zumindest in der betroffenen Region des Unternehmens (BGH,
Urteil v. 07.03.1979 – I ZR 45/77) mit der Marke einen Hinweis auf die Herkunft
der damit gekennzeichneten Waren oder Dienstleistungen aus einem bestimmten
Unternehmen sieht.

▶   Es ist dringend davon abzuraten, vorschnell von einer Verkehrsgeltung
      einer Marke auszugehen oder gar auf die Verkehrsgeltung eines ver-
      wendeten Zeichens zu vertrauen. Ob ein Zeichen Verkehrsgeltung
      hat oder nicht, ist im Streitfall gerichtlich über ein kostenintensives

demoskopisches Gutachten nachzuweisen. Darüber hinaus ist der Beweis zu erbringen, dass die Verkehrsgeltung auch aus der konkreten Benutzung des Zeichens herrührt (BGH, Urteil. v. 19.02.2009 – I ZR 195/06).

4.1.2 Eingetragene Marke

Aus deutscher Sicht entsteht Markenschutz durch die Eintragung eines Zeichens als Marke in das vom Deutschen Patent- und Markenamt geführten Register, § 4 Nr. 1 MarkenG; für eine europäische Unionsmarke gilt entsprechendes nach Art. 9 Abs. 1 UMV.

Von erheblicher Bedeutung ist die Auswahl der korrekten Markenform (§ 3 Abs. 1 MarkenG, Art. 4 UMV).

4.1.2.1 Wortmarke

Wortmarken sind Marken ohne grafische oder farbige Ausgestaltung, die allein aus Elementen einer üblichen Druckschrift bestehen. Ihr Schutzgegenstand umfasst zwar lediglich die gewählte Zeichenfolge, beinhaltet aber deren Darstellung in sämtlichen üblichen Schriftarten in Groß- und Kleinbuchstaben.

Auch sog. **Mehrwortmarken** sind ebenso (bspw. Louis Vuitton, Hugo Boss) wie aus Buchstaben bestehende **Slogans** („Kleidung clever kaufen"; „Vorsprung durch Technik", vgl. Kur et al. 2018, S. 346 ff.) möglich.

4.1.2.2 Bildmarke

Bildmarken sind gerade im Modebereich häufig anzutreffen. Zu erwähnen sind hier bspw. das Polopferd von Ralph Lauren oder das Krokodil von Lacoste. Sie bestehenden allein aus zweidimensionalen Gestaltungen, wie Bilder und grafische Elemente ohne Wortmarkenbestandteile, wie z. B. Buchstaben, Piktogramme, Symbole und Abbildungen von Gegenständen. Auch nicht-lateinische Schriftzeichen, wie z. B. chinesische Schriftzeichen, begründen Bildmarkencharakter. Bildmarken können farbig oder schwarz-weiß angemeldet werden (https://www.dpma.de/docs/marken/mf_bildmarke.pdf).

Bei der Anmeldung einer Bildmarke ist darauf zu achten, dass sie bei einem reinen produktbeschreibenden Bezug nicht schutzfähig ist. Dies wäre etwa bei einem wirklichkeitsnah dargestellten Pferd der Fall, sofern dieses Bildzeichen für die **Warenklasse** „Reitsport" eingetragen werden soll (Hoppmann 2019, S. 100).

▶ **Wichtig**

Bei der Anmeldung von Marken ist stets ein **Waren- und Dienst-leistungsverzeichnis** anzugeben, das bestimmt, für welche Waren und Dienstleistungen der Markenschutz gelten soll. Die Waren und Dienstleistungen sind dabei nach der sog. **Nizza-Klassifikation** (https://www.dpma.de/marken/klassifikation/waren_dienst-leistungen/nizza/index.html) in insgesamt 45 verschiedene Klassen eingeteilt.

Für **Modeerzeugnisse** sind insbesondere die **Warenklasse 25** (Bekleidung, Schuhe, Kopfbedeckungen) sowie die Warenklasse 24 (Textilien) von besonderer Bedeutung. Erbringen der Designer bzw. der Markenanmelder auch komplementäre Dienstleistungen (wie Ver-packung und Transport) sind diese von der Warenklasse mitumfasst (Hoppmann 2019, S. 99). Für davon unabhängige Einzel- oder Groß-handelsdienstleistungen ist hingegen ein separater Markenschutz in der allgemeinen Dienstleistungsklasse 35 zu beantragen.

4.1.2.3 Wort-/Bildmarke

Wort-/Bildmarken sind Kombinationen von Wortelementen und grafischen, bild-lichen bzw. sonstigen Ausgestaltungen. Zu beachten ist, dass eine Wort-/Bild-marke auch nur aus der **Kombination von Wort und grafischer Gestaltung** Schutzumfang hat, sodass aus dem Wortelement allein keine Abwehrrechte gegen Dritte bestehen.

Sofern der alleinige Wortbestandteil der Wort-/Bildmarke also allein betrachtet eintragungsfähig ist (vgl. dazu Ziff. 4.1.2.1), sollte in jedem Fall anfangs eine Wortmarke beantragt werden, da diese ohne Rückgriff auf die grafische Gestaltung (die sich in Zukunft auch ändern kann) das jeweilige Kennzeichen schützt.

4.1.2.4 Dreidimensionale Marke (3D-Marke)

Dreidimensionale Marken sind dreidimensionale Formen und Gestaltungen jeder Art. Sie können abstrakt von der Form bzw. Verpackung der beanspruchten Waren sein oder mit dieser zusammenfallen. Ihre Eintragung unterliegt jedoch einigen Besonderheiten, insbesondere in Form sog. **absoluter Schutzhindernisse.**

▶ **Wichtig**

Von einem (absoluten) Schutzhindernis spricht man, wenn eine gesetzliche Bestimmung der Eintragung eines Zeichens als Marke im Markenregister entgegensteht (bspw. § 3 Abs. 2 Nr. 1 bis 3 Mar-

keng bzw. Art. 7 Abs. 1 lit. e (i-iii) UMV). Als solche sind bspw. **eine
fehlende Unterscheidungskraft** (§ 8 Abs. 2 Nr. 1 MarkenG), bloß
beschreibende Angaben (§ 8 Abs. 2 Nr. 2 MarkenG) oder **allgemeine
Gattungsangaben** (§ 8 Abs. 2 Nr. 3 MarkenG) zu nennen.

Nach § 8 Abs. 3 MarkenG ist gleichwohl eine Marke von der Eintragung im Markenregister dann nicht ausgeschlossen, wenn sie
„sich vor dem Zeitpunkt der Entscheidung über die Eintragung
infolge ihrer Benutzung für die Waren oder Dienstleistungen, für die
sie angemeldet worden ist, in den beteiligten Verkehrskreisen durch-
gesetzt hat". Ein absolutes Schutzhindernis im vorgenannten Sinn
kann also „überwunden" werden.

Ein **relatives Schutzhindernis** liegt hingegen vor, wenn der Eintragung einer Marke Rechte Dritter entgegenstehen (bspw. eine
andere prioritäre Markeneintragung).

Neben dreidimensional gestalteten Buchstaben (z. B. die „H"-Gürtelschnalle
von Hermès oder das „B" an den Reißverschlüssen von Bogner) kann unter
besonderen, sehr restriktiven Voraussetzungen auch das Produkt selbst in seiner
warenbedingten Form als dreidimensionale Marke gem. § 3 Abs. 1 MarkenG
bzw. Art. 4 Abs. 1 UMV eintragungsfähig sein (z. B. die berühmte Kelly Bag von
Hermès mit dem designtypischen Vorhängeschloss).

Dies ist insbesondere dann der Fall, wenn das Produkt ein über die technisch
bedingte Grundform hinausgehendes **nicht-technisches besonders Element** aufweist, das die **besondere Identifizierungsfunktion** einer Marke gewährleistet
(BPatG, Beschluss v. 19.12.2003 – 33 W (pat) 211/01; Hoppmann 2019, S. 103).
Ferner ist Voraussetzung, dass das Produkt **wiederkehrende Gestaltungs-
merkmale** hat, die es dem Verkehr ermöglichen, auf die konkrete betriebliche
Herkunft des Produkts zu schließen.

Würden die Verbraucher allerdings – um beim Beispiel der Kelly Bag von
Hermès zu bleiben – mit dem Vorhängeschloss eine wesentliche Gebrauchs-
eigenschaft verbinden und somit nach dieser Funktion auch bei Produkten von
Mitbewerbern suchen bzw. diese dort erwarten, stünde einer Eintragung ein Eintragungshindernis entgegen (Hoppmann 2019, S. 103).

Auch besondere Identifizierungsfunktionen und Designelemente können keinen ausschließenden Markenschutz begründen.

Gerade bei Modeerzeugnissen, die sich durch ein besonderes Design
auszeichnen, steht einer Eintragungsfähigkeit einer entsprechenden dreidimensionalen Marke oftmals das absolute Schutzhindernis des § 3 Abs. 2 Nr. 1
bis 3 MarkenG bzw. Art. 7 Abs. 1 lit. e (i-iii) UMV entgegen.

Danach ist ein Markenschutz für Zeichen ausgeschlossen (vgl. hierzu ausführlich Kur et al. 2018, S. 134 ff.), die ausschließlich aus Formen oder anderen charakteristischen Merkmalen bestehen, die

- durch die Art der Ware selbst bedingt sind,
- zur Erreichung einer technischen Wirkung erforderlich sind (Abgrenzung des Markenrechts gegenüber technischen Schutzrechten) oder
- der Ware einen wesentlichen Wert verleihen (Angrenzung des Markenrechts gegenüber Urheber- und Designrecht).

Gerade das Kriterium des wesentlichen Wertes einer Form oder eines charakteristischen Merkmals führt dazu, dass besonderes, aufwendiges und auffälliges Design – das einen besonderen Wert des betroffenen Produktes darstellt – größtenteils nicht als dreidimensionale Marke eintragungsfähig ist.

In diesem Zusammenhang ist zu bedenken, dass das Markenrecht in rechtspolitischer Sicht nicht zum Ziel hat, ein solches Design für ein Unternehmen zu monopolisieren, sondern darauf ausgerichtet ist, den notwendigen Gestaltungsspielraum für Innovationen und Experimente der Mitbewerber zu belassen. Gerade für die Existenz und Fortentwicklung der kreativen Modebranche ist eine freie Verfügbarkeit von Formen und Farben somit von entscheidender Bedeutung (Hoppmann 2019, S. 106).

▶ **Wichtig**
   Festzuhalten ist, dass Marken, die das Produkt als solches wiedergeben (**„Warenformmarke"**), nur unter ganz engen Voraussetzungen eintragungsfähig sind. In der Praxis sind die Grenzen bei der Eintragung dreidimensionaler Marken und möglicher Schutzhindernisse oftmals fließend.
   So wurde beispielsweise vom EuGH (Urteil v. 12. Juni 2018 – C-163/16) klargestellt, dass eine Marke, die aus einer auf der Sohle eines Schuhs charakteristisch aufgebrachten Farbe besteht (im konkreten Fall bei Christian Louboutin-Schuhen, die sich charakteristisch durch eine rote Schuhsohlenfarbe auszeichnen), nicht unter das Verbot der Eintragung von Formen fällt (Hoppmann 2019, S. 106).
   Dies folge insbesondere daraus, dass die Eintragung der Marke im vorgenannten Fall nicht das Produkt (als Form) selbst, sondern nur die an einer bestimmten Position des Produktes regelmäßig aufgebrachte Farbe schützen soll.

4.1.2.5 Positionsmarke

Positionsmarken schützen die Anbringung eines Zeichens (Worte, Bilder, dreidimensionale oder sonstige Elemente) an stets gleichbleibender Stelle, in gleicher Form und Größe bzw. jedenfalls Größenrelation auf einem Produkt (https://www.dpma.de/docs/marken/mf_positionsmarke.pdf).

Sie genießen markenrechtliche Unterscheidungskraft, wenn das Zeichen in seiner konkreten Positionierung als Herkunftshinweis dienen kann. Nach der Rechtsprechung (EuGH, Urteil v. 16.05.2011 – C-429/10 P) ist dafür Voraussetzung, dass sie erheblich von der Norm oder Branchenüblichkeit abweichen und nicht nur als bloße Verzierung oder funktionsbedingte Elemente anzusehen sind (Hoppmann 2019, S. 118).

4.1.2.6 Farbmarke

Farbmarken sind von konkreten Darstellungen und figürlichen Begrenzungen losgelöste Farben und Farbzusammenstellungen zu Eigen. Im Modebereich sind Farbmarken nicht eintragungsfähig, da einer Farbe bei Modeerzeugnissen jegliche Unterscheidungskraft fehlt (BPatG, Urteil v. 12.05.1998 – 27 W (pat) 50/97; Hoppmann 2019, S. 101).

4.1.3 Absolute Schutzhindernisse

Absolute Schutzhindernisse sollen verhindern, dass bestimmte Zeichen/Kennzeichen, auf die die Allgemeinheit zwingend angewiesen ist, für einen Markeninhaber monopolisiert werden. Zeichen, denen absolute Schutzhindernisse entgegenstehen, können daher nicht als Marke in das jeweilige Register eingetragen werden.

4.1.3.1 Fehlende Unterscheidungskraft (§ 8 Abs. 2 Nr. 1 MarkenG, Art. 7 Abs. 1 lit. b UMV)

Die Hauptfunktion einer Marke ist ihre jeweilige Herkunftshinweisfunktion; sie soll daher nicht eingetragen werden, wenn ihr zum Zeitpunkt der Anmeldung (BGH, Urteil v. 18.04.2013 – I ZB 71/12) die Unterscheidungskraft für die angemeldeten Produkte fehlt (Hoppmann 2019, S. 108 m. w. N.).

„Unterscheidungskraft im Sinne von § 8 Abs. 2 Nr. 1 MarkenG ist die einer Marke innewohnende (konkrete) Eignung, vom Verkehr als Unterscheidungsmittel aufgefasst zu werden, das die in Rede stehenden Waren oder Dienstleistungen als von einem bestimmten Unternehmen stammend kennzeichnet und sie damit von denjenigen anderer Unternehmen unterscheidet. Die Hauptfunktion der Marke besteht darin, die Ursprungsidentität der gekennzeichneten Waren oder Dienstleistungen zu gewährleisten. Da allein das Fehlen jeglicher Unterscheidungskraft ein Eintragungshindernis begründet, ist ein großzügiger Maßstab anzulegen, **so dass jede auch noch so geringe Unterscheidungskraft genügt, um das Schutzhindernis zu überwinden.**" (BGH, Beschluss vom 17.10.2013, Az. I ZB 11/13).

Insbesondere im Modebereich können einzelne Buchstaben oder Buchstabenkürzel eine große Bedeutung als Monogramm der ausgeschriebenen Designernamen haben und auf den Produkten auffällig zur Schau gestellt werden (vgl. BGH, Urteil v. 02.02.2012 – I ZR 50/11; Hoppmann 2019, S. 109: „LV" für Louis Vuitton, „H" für Hermès, „CC" für Coco Chanel oder „CD" für Christian Dior). Sie besitzen daher Unterscheidungskraft.

Ferner liegt markenrechtliche Unterscheidungskraft vor und die Marke ist eintragungsfähig, wenn ihr beschreibender Inhalt sich auf ein Produkt bezieht, das zu der Beschreibung selbst keinen inhaltlichen wie sachlichen Bezug hat.

So wurde beispielsweise **Unterscheidungskraft bejaht** (Beispiele nach Hoppmann 2019, S. 110) für

- „Leckerbissen" für Lederwaren und Bekleidung, da die Bedeutung die Produkte nicht unmittelbar beschreibt; die Bedeutung selbst kommt aus dem Bereich der Kulinarik und bezeichnet etwas „Wohlschmeckendes" (vgl. BPatG, Beschluss v. 19.03.2013 – 27 W (pat) 518/12);
- „Fräuleinwunder" für Uhren, da die Wortmarke als antiquierter und nicht mehr gebräuchlicher Begriff keinen sachlichen Bezug zum Produkt (Uhren) hat (vgl. BPatG, Beschluss v. 19.02.2016 – 28 W (pat) 518/15;

sowie eine markenrechtliche **Unterscheidungskraft abgelehnt** für

- „Interactive Wear" für Bekleidung, da der Begriff „Active Wear" sprachüblich ist und einen inhaltlichen Bezug zum Produkt als warenbeschreibende Aussage herstellt.

Auch bloße **Slogans** können Unterscheidungskraft besitzen, insbesondere wenn diese originell, kurz, prägnant oder mehrdeutig bzw. interpretationsbedürftig sind (Kur et al. 2018, S. 346 ff.; Hoppmann 2019, S. 110, EuGH, GRUR 2010, 228, 231: „Vorsprung durch Technik").

Anders liegt der Fall jedoch – mit der Folge, dass regelmäßig keine Unterscheidungskraft besteht – bei humoristischen oder politischen Botschaften, die sich auf Modeerzeugnissen finden (bspw. „Läuft bei mir", „I hate models",

„Zickenalarm", etc.). Hierbei handelt es sich allein um humoristische Bot-
schaften, die sich der jeweilige Träger zu Eigen macht, um diese kommunikativ
mitzuteilen (Hoppmann 2019, S. 111). Ihnen fehlt hingegen jegliche **Unter-
scheidungskraft hinsichtlich des Moderzeugnisses,** auf dem sie sich befinden.
   Schließlich kommt markenrechtliche Unterscheidungskraft für fremdsprachliche
Begriffe insbesondere dann in Betracht, wenn diese für die Mehrheit inländischer
Verbraucher nicht verständlich sind oder als beispielsweise zusammengesetzte
Wortkombination nicht als beschreibende Herkunftsangabe für die jeweiligen
Erzeugnisse benutzt werden (bspw. Lille Smuk (dänisch: „klein schön") oder „Oui"
(französisch. „ja"); Beispiele nach Hoppmann 2019, S. 112).

▶   Die Nutzung von Vornamen und/oder Nachnamen (bspw. „Sandro",
    „Tom Ford", „Christian Louboutin", „Jil Sander") für ein Modelabel ist
    zulässig, da Vornamen/wie auch Nachnamen grundsätzlich Unter-
    scheidungskraft zukommt (Seifried und Borbach 2014, S. 46).

In besonderen Ausnahmefällen kann eine markenrechtliche Unterscheidungskraft
auch bei dreidimensionalen Marken, insbesondere wenn die Marke das Produkt-
design selbst schützen soll (**„Warenformmarke"**), vorliegen. Hierfür ist jedoch
Voraussetzung, dass die Abnehmer/Händler in der konkreten Form nicht nur ein
Gestaltungselement, sondern einen Herkunftshinweis auf das Produkt sehen. Dies
setzt voraus, dass das Design bzw. die Form erheblich von der Norm- oder Branchenüblichkeit der konkreten Ware abweicht (Hoppmann 2019, S. 120) und sich die
Abweichung dabei eben nicht nur auf einzelne gestalterische Elemente beschränkt.

▶   Das Markenrecht verbietet nicht jegliche Verwendung einer
    Marke durch Dritte, sondern nur sogenannte **„markenmäßige"**
    Benutzungshandlungen. Eine solche markenmäßige Benutzung liegt
    dann vor, wenn der angesprochene Verkehr ein Zeichen als Herkunfts-
    kennzeichnung von Waren eines bestimmten Herstellers auffasst. Das
    Zeichen dient insoweit entsprechend dazu, die Waren eines Unter-
    nehmens von den Produkten anderer Unternehmen zu unterscheiden.

4.1.3.2 Beschreibende Angaben (§ 8 Abs. 2 Nr. 2 MarkenG, Art. 7 Abs. 1 lit. c UMV)

Eine Eintragung der Marke kann ferner nicht erfolgen, wenn die Bezeichnung
ausschließlich aus Angaben besteht, die im Verkehr zur Bezeichnung der Art,
der Beschaffenheit, der geografischen Herkunft oder sonstiger Merkmale der
beanspruchten Waren und Dienstleistungen dient.

Es liegt insoweit im Allgemeininteresse, dass alle Zeichen oder Angaben, die Merkmale der angemeldeten Waren oder Dienstleistungen beschreiben, von allen Unternehmen frei verwendet werden können (EuGH Urteil v. 12.02.2004 – C-265/00).

Auch hier gilt, dass eine markenrechtliche Unterscheidungskraft je wahrscheinlicher ist, desto größer die inhaltliche wie sachliche Differenz zum jeweiligen Produkt ist, für das Markenschutz begehrt wird und das Zeichen nicht nur ausschließlich aus einer beschreibenden Angabe besteht.

4.1.3.3 Sonstige absolute Schutzhindernisse

Ein absolutes Schutzhindernis stellen ferner reine Gattungsbezeichnungen wie „Lifestyle", „Fashion" oder „Shoes" dar (§ 8 Abs. 2 Nr. 3 MarkenG bzw. Art. 7 Abs. 1 lit. d UMV).

Ferner sind auch missbräuchliche Formen des Gebrauchs von Marken geschützt, sodass nicht eintragungsfähig sind:

- Ordnungswidrige und sittenwidrige Marken (§ 8 Abs. 2 Nr. 5 MarkenG bzw. Art. 7 Abs. 1 lit. f UMV), bspw. „Ficken" für Spirituosen (EuG, Urteil v. 14.11.2013 – T 52/13), wohingegen „Ficken" für Bekleidungsstücke eintragungsfähig war (BPatG, Beschluss vom 03.08.2011 – 26 W (pat) 116/10);
- Täuschende Marken (§ 8 Abs. 2 Nr. 4 MarkenG bzw. Art. 7 Abs. 1 lit. g UMV), bspw. „Dogz" für Katzenartikel (BPatG, Beschluss v. 18.04.2012 – 28 W (pat) 545/10);
- Staatliche Hoheitszeichen und kommunale Wappen (§ 8 Abs. 2 Nr. 6 MarkenG bzw. Art. 7 Abs. 1 lit. i UMV);
- Amtliche Prüf- oder Gewährzeichen (§ 8 Abs. 2 Nr. 7 MarkenG);
- Bezeichnungen internationaler zwischenstaatlicher Organisationen (§ 8 Abs. 2 Nr. 8 MarkenG);
- Gesetzwidrige Marken (§ 8 Abs. 2 Nr. 9 MarkenG);
- Bösgläubig angemeldete Marken (§ 8 Abs. 2 Nr. 10), bspw. die Anmeldung der Wortmarke „Lady Di" kurz nach ihrem Tod, BPatG, Beschluss v. 02.03.2004 – 24 W (pat) 36/02).

4.1.4 Verkehrsdurchsetzung

Nach § 8 Abs. 3 MarkenG kann ein absolutes Schutzhindernis überwunden werden, wenn eine Bezeichnung in den beteiligten Verkehrskreisen eine sog. **„Verkehrsdurchsetzung"** als Marke erlangt hat. Der Begriff der

Verkehrsdurchsetzung ist dabei vom Begriff der Verkehrsgeltung streng zu unterscheiden (vgl. Ziff. 4.1.1).

Verkehrsdurchsetzung ist nur dann anzunehmen, wenn der **Bekanntheitsgrad** des Zeichens **so hoch** ist, dass er den Bekanntheitsgrad der eigentlichen Bedeutung übersteigt (z. B. den einer geografischen Bezeichnung, vgl. „Selters" oder „Tempo" für Taschentücher).

4.1.5 Markenrechtliche Verwechslungsgefahr

Die Durchsetzung markenrechtlicher Ansprüche richtet nicht nur gegen identische/wortgleiche Marken, sondern auch gegen ähnliche Marken, wenn eine **markenrechtliche Verwechslungsgefahr** für die angesprochenen Verkehrskreise (Endabnehmer/Händler) besteht (§§ 9 Abs. 1 Nr. 2, 14 Abs. 2 Nr. 2 MarkenG bzw. Artt. 9 Abs. 2 lit. b, 8 Abs. 1 lit. b UMV).

Nach Auffassung des EuGH (Urteil v. 29.09.1998 – C-39/97) besteht eine Verwechslungsgefahr bereits dann, wenn die angesprochenen Verkehrskreise den Eindruck gewinnen könnten, dass die betreffenden Waren oder Dienstleistungen von demselben Unternehmen oder aus wirtschaftlich miteinander verbundenen Unternehmen stammen.

Die Frage, ob Verwechslungsgefahr vorliegt, richtet sich dabei insbesondere nach (BPatG, Beschluss v. 18.07.2016 – 25 W (pat) 62/14):

* der Identität bzw. Ähnlichkeit der Marken (**„Markenähnlichkeit"**)
* der Ähnlichkeit der Waren und Dienstleistungen, die mit der Marke gekennzeichnet sind (**„Warenähnlichkeit"**) sowie
* nach ihrer **Kennzeichnungskraft**

4.1.5.1 Markenähnlichkeit

Die Frage der Markenähnlichkeit bestimmt sich nach dem Gesamteindruck, den die betreffende Marke ihrem Klang nach, im (Schrift-) Bild und in ihrem Bedeutungsgehalt auf einen Endabnehmer hat (BGH, Urteil v. 02.02.2012 – I ZR 50/11).

Für die Bejahung der Markenähnlichkeit ist dabei bereits eine Ähnlichkeit in einem der genannten Bereiche ausreichend (Hoppmann 2019: 137; BGH, Urteil v. 02.04.2015 – I ZR 59/13).

4.1.5.2 Warenähnlichkeit

Eine Ähnlichkeit sich gegenüberstehender Waren ist grundsätzlich anzunehmen, wenn diese unter Berücksichtigung insbesondere ihrer Beschaffenheit, ihrer betrieblichen Herkunft, ihrer Vertriebs- und Erbringungsart, ihres Verwendungszwecks und ihrer Nutzung, ihrer wirtschaftlichen Bedeutung oder ihrer Eigenart so enge Berührungspunkte aufweisen, dass die Endabnehmer bzw. Händler der Meinung sein könnten, sie stammten aus demselben Unternehmen oder gegebenenfalls wirtschaftlich verbundenen Unternehmen (BGH, Urteil v. 06.11.2013 – Az. I ZB 63/12; EuGH, Urteil v. 07.05.2009 – Az. C-398/07).

Nach Auffassung des EuGH (Urteil v. 29.09.1998 – C-39/97 = GRUR 1998, 922) besteht eine Verwechslungsgefahr also bereits dann, wenn die Endabnehmer bzw. Händler den **Eindruck gewinnen könnten,** dass die betreffenden Waren **aus demselben Unternehmen** stammen.

Nach dem BGH besteht bspw. zwischen Parfums und Lederwaren keine Warenähnlichkeit (BGH, Urteil v. 30.03.2006 – I ZR 96/03) mit der Folge, dass der Inhaber einer entsprechenden Wortmarke in der Warenklasse 03 „Parfum" keine markenrechtlichen Schutzansprüche gegen den Hersteller von Lederwaren (Warenklasse 25) durchsetzen kann.

4.1.5.3 Kennzeichnungskraft

Die Kennzeichnungskraft schließlich fordert, dass die Zeichen die betreffende Waren als von einem bestimmten Unternehmen stammend kennzeichnen und damit die betreffende Ware von denjenigen anderer Unternehmen zu unterscheiden ist (vgl. BGH, Urteil v. 21.12.2011 – I ZB 56/09; EuGH,Urteil v. 12.07.2012 – C-311/11).

Je stärker die Kennzeichnungskraft einer Marke ist, desto größer ist auch ihr Schutzumfang zu beurteilen (OLG München, Urteil v. 28.04.2016 – 6 U 1576/15; Hoppmann 2019, S. 143).

Die Verwechslungsgefahr ist dabei umso größer, je größer die Kennzeichnungskraft der älteren Marke ist. Marken, die aufgrund ihrer Bekanntheit auf dem Markt eine hohe Kennzeichnungskraft besitzen, genießen somit einen umfassenderen Schutz als Marken, deren Kennzeichnungskraft mangels entsprechender Bekanntheit geringer ist (EuG, Urteil v. 11.05.2005, Rs. T-390/03, Rn. 62).

4.2 Designrecht/Urheberrecht

Neben den bereits erwähnten Warenformmarken, die nur unter ganz engen Voraussetzungen eintragungsfähig sind (vgl. dazu oben Ziff. 4.1.2.4), lässt sich die **äußere Erscheinungsform** von Modeerzeugnissen sowie deren Gestaltung auch durch Designrechte nach dem Designgesetz (DesignG, Designgesetz vom 12.03.2004 i. d. F. der Neubekanntmachung v. 24.02.2014) oder auf europäischer Ebene als **Geschmacksmuster** nach der Gemeinschaftsgeschmacksmusterverordnung (GGVO) schützen.

Wie bei Marken kann der Designschutz entweder durch Eintragung in ein **Register** oder durch **Verkehrsgeltung** aufgrund tatsächlicher Benutzung entstehen. Bei einem eingetragenen Design handelt es sich um ein **absolutes Schutzrecht,** das der Inhaber ausschließlich benutzen darf und dabei Dritten verbieten kann, es ohne seine Zustimmung zu benutzen (§ 38 Abs. 1 DesignG, Art. 19 Abs. 1 GGVO). Der Inhaber kann es ferner verkaufen oder übertragen (§ 29 DesignG, Art. 27 und 28 GGVO) oder Lizenzen daran erteilen (vgl. dazu oben Ziff. 3.1).

4.2.1 Schutzvoraussetzungen

4.2.1.1 Neuheit und Offenbarung

Damit die äußere Erscheinungsform Schutz nach dem Designrecht genießen kann, muss diese eine „**Neuheit**" i. S. v. § 2 Abs. 2 DesignG bzw. Art. 5 GGVO sein. Dies ist dann der Fall, wenn vor dem Tag der Anmeldung kein identisches Design **offenbart** worden ist.

Die Hürde für das Vorliegen einer Neuheit ist dabei vergleichsweise gering; bereits kleine Abweichungen in Farbe, Form oder Beschriftung führen zu einer Neuheit im vorgenannten Sinne (Günther und Beyerlein 2015, S. 34).

▶ In diesem Zusammenhang ist zu beachten, dass eine selbst oder durch einen Dritten (infolge vom Entwerfer erhaltener Informationen) veranlasste Veröffentlichung des eigenen Designs dazu führen kann, dass es sich um keine „Neuheit" i. S. d. DesignG mehr handelt, sofern diese Veröffentlichung mehr als 12 Monate zurückliegt, § 6 DesignG, Art. 7 Abs. 2 GGVO.

Der designrechtlichen **Offenbarung** nach § 5 DesignG kommt bei der Frage, ob es sich um eine Neuheit handelt, eine ganz besondere Bedeutung zu. Entscheidend dafür ist, wann bzw. ob die äußere Erscheinungsform bereits der Öffentlichkeit zugänglich gemacht, also insbesondere verwendet oder ausgestellt wurde.

Ein Design ist grundsätzlich offenbart, wenn es bekannt gemacht, ausgestellt, im Verkehr verwendet oder auf sonstige Weise der Öffentlichkeit zugänglich gemacht wurde.

▶ Bei dem Kriterium, ob ein äußeres Erscheinungsbild bereits offenbart worden ist, ist die Öffentlichkeit innerhalb der branchenspezifischen Fachkreise entscheidend, etwa die Ausstellung auf großen europäischen Modemessen in Paris, Mailand oder Berlin.

4.2.1.2 Eigenart und Grad der Gestaltungsfreiheit

Des Weiteren muss sich das äußere Erscheinungsbild in seinem Gesamteindruck vom Gesamteindruck bereits bestehender oder veröffentlichter Designs unterscheiden, § 2 Abs. 3 DesignG, Art. 6 Abs. 1 GGVO) und somit eine bestimmte **Eigenart** aufweisen. Dies ist insbesondere dann der Fall, wenn jemand, der sich mit dem Warenspektrum des jeweiligen Erzeugnisses auskennt (OLG Düsseldorf, Urteil v. 03.04.2007 – I-20 U 128/06), dem Gesamteindruck nach sowie aus der Kombination seiner Elemente einen Unterscheid im äußeren Erscheinungsbild feststellen kann.

▶ **Wichtig**
Bei Modeerzeugnissen können bereits geringe Designdetails und Unterschiede zur Eigenart im designrechtlichen Sinne führen, da die Gesamtheit aller Modeerzeugnisse je nach ihren Funktionalitäten vom Grundsatz her sehr ähnlich sind. Dies ist Ausdruck des in § 2 Abs. 2 DesignG bzw. Art. 6 Abs. 2 GGVO erwähnten **Grades der Gestaltungsfreiheit.**

Ist bei Funktionskleidung etwa der Grad der Gestaltungsfreiheit gering, weil sich die spezifischen Funktionen etwa nur im Rahmen einer ebenso engen gestalterischen Freiheit funktional umsetzen lassen, genügen zum Designschutz bereits relativ geringe Unterschiede, damit die designrechtliche Eigenart gegeben ist.

4.2.2   Ausschlussgründe

Ähnlich zu den markenrechtlichen absoluten Schutzhindernissen bestehen im Designrecht diverse **Ausschlusstatbestände** (§ 3 DesignG, Art. 8 GGVO), die eine Eintragung verhindern. Bei Modeerzeugnissen sind dabei insbesondere Zeichen von öffentlichem Interesse (Flaggen, Wappen oder andere Hoheitszeichen) oder ein Verstoß gegen die guten Sitten zu erwähnen.

4.2.3   Schutzfrist

Die Schutzfrist eines eingetragenen Designs beträgt gem. § 27 Abs. 2 DesignG höchstens 25 Jahre seit dem Zeitpunkt der Anmeldung, wobei zur Aufrechterhaltung des Schutzes alle fünf Jahre erneut eine (sich jeweils gering erhöhende) Gebühr zu entrichten ist.

▶ **Wichtig**
Bei der Eintragung eines Designs wird nur geprüft, ob die **formalen Voraussetzungen** für eine Eintragung vorliegen. Nicht hingegen geprüft werden die **materiellen Schutzvoraussetzungen,** also ob die Kriterien der Neuheit und der Eigenart gegeben sind. Es handelt sich daher beim Designrecht um ein sog. **ungeprüftes Schutzrecht.**
      Erst wenn der Inhaber eines Designrechts Ansprüche gegen Dritte erhebt, wird geprüft, ob das Design bei der Anmeldung die Voraussetzungen der Neuheit und Eigenart tatsächlich erfüllte.

4.3   Lauterkeitsrechtlicher Schutz nach UWG

Der sogenannte **wettbewerbsrechtliche Leistungsschutz** nach den Vorschriften des UWG kommt – neben dem UrhG – dann zur Anwendung, wenn etwa bei Nachahmung von Modeerzeugnissen ein besonderer Schutzbedarf wegen des Ausnutzens der Mühen und Kosten der Urheber entsteht (Hertin und Wagner 2019, S. 32).
      Dies ist insbesondere in Fällen ästhetischer Nachahmung der Fall und vor allem dann, wenn der Nachahmer die benutzte Vorlage etwa durch Erschleichen, Vertrauensbruch oder Geheimnisverletzungen in seinen Besitz gebracht hat oder wenn gerade die kennzeichnenden, auf den Vermarkter hinweisenden Merkmale des nachgeahmten Produktes übernommen werden (Hertin und Wagner 2019, S. 33 mit weiteren Beispielen).

Supply Chain und Handel von Modeprodukten

5

5.1 Supply Chain von Textilien

Die Sicherstellung und Kontrolle der benötigten Verfügbarkeit der Stoffe oder der fertigen Modeprodukte ist Gegenstand des **Supply Chain Managements**. Hierzu sind alle tatsächlichen wie rechtlichen Maßnahmen zu verstehen, welche die Warenbeschaffung beinhalten.

Hierbei kommen insbesondere der **Qualität** und **rechtlichen Konformität** der Modeerzeugnisse eine hohe Bedeutung zu; im Einzelnen betrifft dies

- insbesondere für den Händler Fragen der rechtlichen Unbedenklichkeit der Waren in Bezug auf möglicherweise bestehende Schutzrechte Dritter (Urheberrecht, Designrecht)
- für Hersteller und Händler gleichermaßen rechtliche Aspekte der Produktsicherheit (auch der Händler, der bspw. Eigenmarken vertreibt, haftet als „Hersteller" für die Konformität der Erzeugnisse nach dem Produktsicherheitsgesetz – ProdSG) sowie
- insbesondere für den Hersteller die Einhaltung von Qualitätsvorgaben in tatsächlicher (bspw. Material und Haptik) wie rechtlicher (bspw. keine krebserregenden Stoffe und Materialien) Natur.

© Springer Fachmedien Wiesbaden GmbH, ein Teil von Springer Nature 2020
C. Hahn, *Moderecht*, essentials, https://doi.org/10.1007/978-3-658-29514-1_5

5.2   Lieferbedingungen zwischen Lieferanten und Händler

In rechtlicher Sicht basiert die Beschaffung in aller Regel auf Rahmenverträgen oder **Allgemeinen Lieferbedingungen (ALB),** die im Rahmen eines Einzelauftrags („Order") Vertragsbestandteil werden, in dem auf diese ausdrücklich Bezug genommen wird.

Die Order beinhaltet die spezifischen, individuell vereinbarten Charakteristika des Auftrags, wie Warenspezifikation, Kaufpreis, Liefermengen/Stückzahlen, Liefertermin, wohingegen der für sämtliche Order geltende Rahmenvertrag bzw. die geltenden ALB die allgemeinen Regelungen der Vertragsdurchführung beinhalten.

▶ **Wichtig**
Vor allem in der Modebranche ist entscheidend, dass möglichst **detaillierte Vorgaben** die Beschaffenheit der Produkte spezifizieren. Hierzu gehören etwa Design, Passform, Applikationen, Struktur etc.

Die Notwendigkeit einer genauen Benennung folgt daraus, dass ohne eine spezifische Beschaffenheitsvereinbarung nach der sodann geltenden gesetzlichen Vorgabe von § 243 Abs. 1 BGB nur eine Ware „mittlerer Art und Güte" zu liefern wäre bzw. es genügen würde, wenn die Ware sich entweder für die nach dem Vertrag vorausgesetzte Verwendung eignet (§ 434 Abs. 1 Nr. 1 BGB) oder – mangels vertragliche Angaben – nur die übliche Beschaffenheit aufweist (Eisenreich 2019, S. 282).

Ungeachtet der zwischen den Parteien vereinbarten Beschaffenheit haben die vertraglichen Bestimmungen die bereits erwähnten gesetzlichen Anforderungen zur Qualität der Erzeugnisse widerzuspiegeln. Hierzu zählen bspw. **chemische oder mechanisch-physikalische Sicherheitsanforderungen** wie Bestimmungen zur Zugfestigkeit von losen oder lösbaren Kleinteilen bei Kinderbekleidung (Eisenreich 2019, S. 283 m. w. N.).

▶ In der Praxis spielen im Rahmen des Beschaffungsprozesses sog. **Bemusterungen** eine nicht unerhebliche Rolle (vgl. Eisenreich 2019, S. 285). Hierbei wird anhand entsprechender Waren-/Stoffmuster die vertragliche Beschaffenheit festgelegt. Die Bemusterung kann sich hierbei nicht selten über zahlreiche Bemusterungsphasen ziehen, im Rahmen derer sich eine finale Beschaffenheitsvereinbarung im Rechtssinne ergibt.

5.3 Vertragsstörungen

5.3.1 Sachmängel

Kommt es zu einer Vertragsstörung infolge eines Sachmangels sind insbesondere die nachfolgenden Punkte und Fristen zu beachten.

▶ **Wichtig**
Ein Sachmangel liegt vor, wenn der Kaufgegenstand nicht die vertraglich geschuldete Beschaffenheit hat, § 434 Abs. 1 BGB. Entscheidend ist der Zeitpunkt des **Gefahrübergangs,** somit in aller Regel bei **Lieferung.**
Unter den Begriff des Sachmangels fallen auch die Lieferung anderer als der bestellten Waren („aliud") sowie Mehr- oder Minderlieferungen, § 434 Abs. 3 BGB.

Liegt ein Sachmangel vor, stehen dem Käufer die verschiedenen **gesetzlichen Gewährleistungsrechte** zu.

So kann er entweder

- Nacherfüllung (**Nachbesserung** oder **Nachlieferung** einer mangelfreien Ware) gem. § 439 Abs. 1 BGB verlangen (sofern eine Nachlieferung bei Modeprodukten aufgrund der kurzen saisonalen Kollektionszyklen überhaupt in Betracht kommt) oder
- gem. § 437 Abs. 2 Alt. 2 BGB i. V. m. § 441 BGB den **Kaufpreis mindern** (sofern sich ein minderwertiges Modeerzeugnis überhaupt verkaufen lässt bzw. nicht dem hochwertigen Markenimage von vornherein widerspricht) oder
- vom **Vertrag zurücktreten** § 437 Abs. 2 BGB, wodurch sich der Vertrag in ein Rückabwicklungsverhältnis wandelt oder
- **Schadensersatz** statt der Leistung nach § 437 Nr. 3 Alt. 1 BGB verlangen (wobei sowohl der Rücktritt als auch der Schadensersatz grundsätzlich eine vorherige Fristsetzung erforderlich, die aber entbehrlich ist, wenn eine Nachlieferung für den Käufer ohnehin unzumutbar wäre (etwa bei kurzzyklischer saisonaler Ware).

Daneben kommt in der Praxis meist auch ein **vertragliches Gewährleistungs-regime** zur Anwendung, wonach bspw. vertraglich vereinbarte Vertragsstrafen auftretende Störungen sanktionieren und mittels vertraglicher Schadenspauschalen den Nachweis der Höhe eines eingetreten Schadens erleichtern.

5.3.2   Rügeobliegenheit, § 377 Abs. 1 HGB

Im kaufmännischen Verkehr ist stets eine schnelle Reaktion gefragt, als § 377 Abs. 1 HGB bestimmt, dass der Käufe die Ware unverzüglich nach ihrer Anlieferung zu untersuchen und dabei festgestellte Mängel ebenso **unverzüglich** zu **rügen** hat.

▶   Abgesehen von nicht erkennbaren (§ 377 Abs. 3 HGB) sowie arglistig
        verschwiegenen (§ 377 Abs. 5 HGB) Mängeln **gilt selbst eine tatsäch-**
        lich mangelhafte Sache als mangelfrei, wenn der Käufer die unver-
        zügliche Rüge nach Lieferung der Ware unterlässt.

Unverzüglich bedeutet nach der Legaldefinition von § 121 Abs. 1 Satz 1 BGB „ohne schuldhaftes Zögern". Welche genaue Frist damit gemeint ist, hängt jedoch stets vom konkreten Einzelfall ab; eine **Frist von max. 8 Tagen** sollte bei Mode-produkten jedoch die Höchstgrenze darstellen.

Etwas anderes gilt, dann wenn der Gefahrübergang der Ware nicht erst bei Lieferung, sondern bereits bei Verladung der Ware erfolgt (etwa beim Versendungskauf (§ 447 BGB) Verwendung der Incoterms Lieferklausel FOB „free on board"), sodass der Warenempfänger in diesen Fällen sicherstellen muss, dass externe Dienstleister die Rügeobliegenheit am Ort des Gefahrübergangs für den Käufer entsprechend übernehmen.

5.3.3   Rechtsmängel

Auch Rechtsmängel stellen eine Vertragsstörung dar, da hier Dritte in Bezug auf die Ware eigene Rechte geltend machen können, vgl. § 435 BGB. Ein Rechtsmangel liegt insbesondere bei Verstößen gegen Marken-, Design- oder Urheberrechten Dritter vor.

5.4   Einheitsbedingungen der Textilwirtschaft (EBT)

Die sog. **Einheitsbedingungen der deutschen Textilwirtschaft (EBT)** stellen die maßgeblichen Zahlungs- und Lieferbedingungen der Textilbranche dar. Die Einheitsbedingungen wurden mit Wirkung zum 1. Januar 2020 an die AGB-rechtlichen Entwicklungen der Rechtsprechung angepasst und berücksichtigen die besonderen Umstände und Gepflogenheiten in der Textilwirtschaft sowie gleichermaßen die Interessen des Verkäufers und des Käufers.

Die EBT bestehen aus 13 Paragrafen, die sich im Wesentlichen in vier Regelungsbereiche unterteilen lassen:

- Geltungsbereich sowie anwendbares Recht und Gerichtsstand (§§ 1, 3, 13),
- Lieferbedingungen (§§ 2, 4 bis 8),
- Zahlungsbedingungen (§§ 9 bis 11) und
- Eigentumsvorbehalt (§ 12).

Die EBT können von allen Unternehmen kostenfrei genutzt werden. Wichtig ist, dass Änderungen der Einheitsbedingungen grundsätzlich jedoch nicht zulässig sind.

▶ **Wichtig**

Individualabreden haben stets Vorrang vor AGB und damit auch gegenüber den Einheitsbedingungen (vgl. § 305b BGB). Dieser Vorrang kann zu zwei unterschiedlichen Konstellationen führen (Merkblatt Einheitsbedingungen 2020, S. 8):
    Widerspricht die Bestimmung in den Einheitsbedingungen der individuellen Abrede, ist die entsprechende Klausel der Einheitsbedingungen im Ergebnis unwirksam. Sehen dagegen die Individualabrede und die entsprechende Bestimmung in den Einheitsbedingungen unterschiedliche Regelungen für denselben Sachverhalt vor, muss geprüft werden, ob die beiden Regelungen sich widersprechen oder ob die Einheitsbedingungen zusätzlich, also neben der individuellen Vertragsabrede gelten sollen. Möchte der Verkäufer daher eine bestimmte Klausel in den Einheitsbedingungen durch eine Individualabrede ersetzen oder ergänzen, ist es aus Klarstellungsgründen empfehlenswert, dies entsprechend von Anfang an klar zum Ausdruck zu bringen (Merkblatt Einheitsbedingungen 2020, S. 8).
    Die Einheitsbedingungen der deutschen Textilwirtschaft (EBT) sind unter https://textil-mode.de/de/newsroom/blog/einheitsbedingungen-der-deutschen-textilwirtschaft/ abrufbar.

Werberecht

6

Sämtliche Werbemaßnahmen des Modeunternehmens haben sich an den wettbewerbsrechtlichen Grenzen von § 5 UWG messen zu lassen und dürfen somit nicht „**irreführend**" sein.

Nach § 5 Abs. 1 S. 1 UWG handelt unlauter, wer eine irreführende geschäftliche Handlung vornimmt, die geeignet ist, den Verbraucher oder sonstigen Marktteilnehmer zu einer geschäftlichen Entscheidung (Kauf des Produkts) zu veranlassen, die er andernfalls nicht getroffen hätte. Ob der Verbraucher die Ware tatsächlich kauft, ist für den Tatbestand der Irreführung unerheblich („geeignet ist"). Die einzelnen irreführenden Handlungen sind in § 5 Abs. 1 Satz 2 UWG aufgeführt.

In der Praxis sind dabei insbesondere nachfolgende modespezifischen irreführenden und somit wettbewerbswidrigen Handlungen denkbar (nach Klages 2019, S. 368 ff.):

- Bei **Preisvergleichen** durch Gegenüberstellung der Verkaufspreise mit denen eines Konkurrenzunternehmens ist beispielsweise auf die Größe und Art der betreffenden Geschäfte hinzuweisen; unterbleibt dieser Hinweis, liegt eine Irreführung vor (EuGH, Urteil v. 08.02.2017 – C-562/15).
- Eine Irreführung ist ferner gegeben, wenn
  - **(fiktive) Textilbegriffe** verwendet werden, die der Beschaffenheit der beworbenen Modeerzeugnisse nicht entsprechen („Bambussocken"- LG Ulm, Urteil v. 22.08.2016 – 11 O 9/16 KfH);
  - wenn bei der werbenden Darstellung des konkreten Modeproduktes Accessoires gezeigt werden, die nicht zum **Lieferumfang** gehören (nach dem OLG Hamm (Urteil v. 04.08.2015, Az. I-4 U 66/15) ändert selbst

© Springer Fachmedien Wiesbaden GmbH, ein Teil von Springer Nature 2020
C. Hahn, *Moderecht*, essentials, https://doi.org/10.1007/978-3-658-29514-1_6

ein entsprechender Hinweis in der Produktbeschreibung nichts an dem Vorliegen einer Irreführung) oder
- bei der Werbung mit **Qualitätssiegeln,** deren Führen nicht in dem
  beworbenen Umfang gestattet ist (Einzelheiten und Beispiele bei Klages
  2019, S. 369, 370).

Eine Irreführung wurde ferner beispielsweise angenommen

* Bei der Verwendung nicht näher erläuterter „**Statt**"-**Preise** (OLG Hamm,
  Urteil v. 24.01.2013 – 4 U 186/12);
* bei der **vorzeitigen Beendigung einer Rabattaktion** vor Ablauf der zuerst
  angegebenen Zeit (BGH, Urteil v. 16.5.2013 – I ZR 175/12);
* bei der Bezeichnung eines Onlineshops als **Outlet,** wobei lediglich Waren
  aus eigener Produktion (MFO-Ware, vgl. oben Ziff. 2.1.1) zu Preisen verkauft
  werden, die unter den Einzelhandelspreisen liegen (LG Stuttgart, Urteil v.
  31.03.2015 – 43 O 1/15 KfH);
* bei der Kennzeichnung mit „**Made in Germany**", wenn wesentliche Bestandteile des Modeproduktes aus dem Ausland stammen (vgl. hierzu OLG Stuttgart, Urteil v. 10.11.1995 – Az. 2 U 124/95). Das Produkt darf allerdings auch
  für den Fall, dass einzelne Stoffe, Materialien oder Accessoires im Ausland
  zugekauft wurden, die Bezeichnung „Made in Germany" tragen, sofern ein
  überwiegender Herstellungsanteil in Deutschland zu einer entscheidenden
  Wertschöpfung führt und das Modeerzeugnis somit in Deutschland eine maß-
  gebliche Veredelung erfährt.

▶ Nach der Rechtsprechung (BGH, Beschluss v. 27.11.2014 – I ZR 16/14)
  ist es somit für die Richtigkeit der Angabe „**Made in Germany**"
  erforderlich, aber auch genügend, dass diejenigen Leistungen in
  Deutschland erbracht werden, durch die das hergestellte Modeerzeugnis seine aus Sicht der Verbraucher im Vordergrund stehenden
  qualitätsrelevanten Bestandteile oder wesentlichen **produktspezi-
  fischen Eigenschaften** erhält.

Textilkennzeichnung 7

7.1 Textilkennzeichnung nach TextilKennzG

Das Textilkennzeichnungsgesetz (TextilKennzG) regelt, wie die Fasern, aus denen Textilien bestehen, gegenüber den Kunden als Verbraucher gekennzeichnet werden müssen. Das TextilKennzG wurde am 15. Januar 1969 verabschiedet und am 15. Februar 2016 unter Bezugnahme auf die „Verordnung (EU) Nr. 1007/2011 über die Bezeichnung von Textilfasern und die damit zusammenhängende Etikettierung und Kennzeichnung der Faserzusammensetzung von Textilerzeugnissen" („**EU-Textilkennzeichnungsverordnung**") neu gefasst.

7.1.1 Textilerzeugnis

Nach der gesetzlichen Definition in § 2 Abs. 1 TextilKennzG i. V. m. Art. 3 Abs. 1 lit. a) EU-Textilkennzeichnungsverordnung ist ein **Textilerzeugnis** ein Erzeugnis, das im rohen, halbbearbeiteten, bearbeiteten, halbverarbeiteten, verarbeiteten, halbkonfektionierten oder konfektionierten Zustand ausschließlich Textilfasern enthält, unabhängig von dem zur Mischung oder Verbindung angewandten Verfahren.

7.1.2 Textillabel

Soll das Textilerzeugnis in Deutschland vertrieben werden, müssen alle Angaben in **deutscher Sprache** erfolgen. Darüber hinaus sind auch zusätzliche Angaben in Fremdsprachen zulässig, allerdings unter der Voraussetzung, dass diese die

© Springer Fachmedien Wiesbaden GmbH, ein Teil von Springer Nature 2020
C. Hahn, *Moderecht*, essentials, https://doi.org/10.1007/978-3-658-29514-1_7

deutschsprachigen Angaben ergänzen und nicht ersetzen. Zudem müssen die Rohstoffgehaltsangaben in deutlich erkennbarer Weise eingewebt oder an den Textilerzeugnissen angebracht sein, vgl. § 4 Abs. 1 TextilKennzG.

▶ Die Kennzeichnung von Schuhen wird durch hingegen die Europäische Schuhkennzeichnungs-Richtlinie (Richtlinie (EG) Nr. 94/11) geregelt. Sie enthält die maßgeblichen Vorgaben zur Kennzeichnung von Materialien für die Hauptbestandteile von Schuhen. Ihre Vorgaben sind durch § 10a und Anlage 11 der Bedarfsgegenständeverordnung in deutsches Recht umgesetzt.

7.2   Kennzeichnung nach ProdSG

Nach § 6 Abs. 1 Nr. 2 ProdSG folgt die Verpflichtung, den in der EU ansässigen Hersteller unter Nennung seiner vollständigen Firmendaten samt Anschrift anzugeben (die Nennung einer E-Mail-Adresse oder Website ist nicht ausreichend). Die identische Verpflichtung tritt auch Direktimporteure von außerhalb des EWR (Europäischer Wirtschaftsraum) stammender Waren sowie beim Vertrieb von als **White Label** produzierten Eigenmarken.

Des Weiteren ist die Ware nach § 6 Abs. 1 Nr. 3 ProdSG mit einem eindeutigen Produktidentifikationsmerkmal (nummerischer **Barcode**) zu versehen, um jederzeit die Nachverfolgbarkeit der Ware gewährleisten zu können.

▶ **Wichtig**
Ungeachtet der vorstehenden gesetzlich zwingenden Vorgaben sind weder die Angabe des Herstellungslandes („Made in Germany") noch die Kennzeichnung mit den allgemein bekannten Textilpflegesymbolen gesetzlich vorgeschrieben.

Bei Verwendung der Textilpflegesymbole ist jedoch zu beachten, dass diese markenrechtlichen Schutz genießen und nur gegen Zahlung einer (geringen) Lizenzgebühr an den Inhaber der Markenrechte GINETEX (www.ginetex.de) verwendet werden dürfen.

Was Sie aus diesem *essential* mitnehmen können

- Zum Moderecht im weiteren Sinn gehören sämtliche Rechtsvorschriften und vertraglichen Gestaltungen, die Mode und ihre Akteure in ihrer gesamten Wertschöpfungskette und deren Besonderheiten zum Gegenstand haben.
- Beim Online Vertrieb von Mode sind die Vorschriften des Fernabsatzrechts zu beachten; dies gilt für den E-Commerce wie den M-Commerce.
- Über einen Lizenzvertrag gewährt der Inhaber eines gewerblichen Schutzrechts (bspw. Markenrecht oder Patentrecht) oder der Urheber eines geschützten Werks ein Nutzungs- /Verwertungsrecht am vertraglich festgelegten Lizenzgegenstand. Als Gegenleistung hierfür ist der Lizenznehmer verpflichtet, eine entsprechende Lizenzgebühr an den Lizenzgeber zu bezahlen.
- Gerade im Kreativbereich ist der Abschluss einer entsprechenden IP-Rechteübertragungs- bzw. -Nutzungsvereinbarung zu empfehlen, um Unklarheiten darüber zu vermeiden, ob die Schöpfungen von Mitarbeitern oder Freelancern dem Unternehmen zustehen.
- Das mit einem Influencer zusammenarbeitende Unternehmen hat im Rahmen eines „Influencer-Kooperationsvertrages" sicherzustellen, dass sich der Influencer nicht nur an die rechtlichen Vorgaben hält, sondern darüber auch für etwaige Verstöße dem Unternehmen gegenüber haftet bzw. dieses von Ansprüchen Dritter freistellt.
- Dem Schutz von Marken im Sinne einer gesamtheitlichen Markenstrategie kommt gerade in der Modebranche eine ganz herausragende Bedeutung zu.
- Die Sicherstellung und Kontrolle der benötigten Verfügbarkeit der Stoffe oder der fertigen Modeprodukte (Qualität und rechtliche Konformität der Modeerzeugnisse) ist Gegenstand des Supply Chain Managements.
- Sämtliche Werbemaßnahmen des Modeunternehmens haben sich an den wettbewerbsrechtlichen Grenzen von § 5 UWG messen zu lassen und dürfen somit nicht „irreführend" sein.

© Springer Fachmedien Wiesbaden GmbH, ein Teil von Springer Nature 2020
C. Hahn, *Moderecht*, essentials, https://doi.org/10.1007/978-3-658-29514-1

Literatur

Brinker, Christian. (2019). Der Modemarkt. In Hoeren (Hrsg.), *Handbuch Moderecht* (1. Aufl.). München: Beck.

Eisenreich, Klaus. (2019). Handel mit Modeerzeugnissen. In Hoeren (Hrsg.), *Handbuch Moderecht* (1. Aufl.). München: Beck.

Farkas, Thomas, & May, Wolfang. (2019). Lizenzverträge und Verträge mit Kreativen. In Hoeren (Hrsg.), *Handbuch Moderecht* (1. Aufl.). München: Beck.

Föhlisch, Carsten. (2019). Fernabsatzrecht. In Hoeren (Hrsg.), *Handbuch Moderecht* (1. Aufl.). München: Beck.

Gesamtverband der deutschen Textil- und Modeindustrie e. V. (Gesamtverband textil+mode). 2019. *Merkblatt Einheitsbedingungen der deutschen Textilwirtschaft* (in der Fassung vom 01.01.2020), Stand: September 2019, Berlin.

Günther, Philipp, & Beyerlein, Thorsten. (2015). *Designgesetz* (3. Aufl.). Frankfurt a. M.: dfv Mediengruppe.

Hacker, Franz. (2018). *Markengesetz – Kommentar* (12. Aufl.). Köln: Carl Heymanns.

Hertin, Paul, & Wagner, Sandra. (2019). *Urheberrecht* (3. Aufl.). München: Beck.

Hoeren, Thomas. (2019). Mode und Moderecht – Was ist das? In Hoeren (Hrsg.), *Handbuch Moderecht* (1. Aufl.). München: Beck.

Hoppmann, Carsten. (2019). Markenrecht. In Hoeren (Hrsg.), *Handbuch Moderecht* (1. Aufl.). München: Beck.

Klages, Christlieb. (2019). Werberecht. In Hoeren (Hrsg.), *Handbuch Moderecht* (1. Aufl.). München: Beck.

Kur, Annette, v. Bomhard, Verena, & Albrecht, Friedrich. (2018). *Markenrecht, Markengesetz, Verordnung über die Unionsmarke (UMV)* (2. Aufl.). München: Beck.

Seifried, Thomas, und Borbach, Markus. 2014. Schutzrechte und Rechtsschutz in der Mode- und Textilindustrie, *Das Praktikerhandbuch über Marken, Designs, Patente und Werbung*, 1. Aufl. Frankfurt a. M.: Dfv Mediengruppe – Deutscher Fachverlag.

Turnwald, Philipp. (2019). Stationäre Präsenz. In Hoeren (Hrsg.), *Handbuch Moderecht* (1. Aufl.). München: Beck.

© Springer Fachmedien Wiesbaden GmbH, ein Teil von Springer Nature 2020
C. Hahn, *Moderecht,* essentials, https://doi.org/10.1007/978-3-658-29514-1

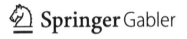

Christopher Hahn *Hrsg.*

Finanzierung von Start-up-Unternehmen

Praxisbuch für erfolgreiche
Gründer: Finanzierung,
Besteuerung, Investor Relations

2. Auflage

Springer Gabler

Printed in the United States
By Bookmasters